JN314779

英語教育21世紀叢書

教科書だけで
大学入試は突破できる

金谷 憲——編著

大修館書店

まえがき

　「高校英語教育が変わらないと日本人の英語力の向上は図れない」と編者は考える。

　英語を身につけるためのプロセスは、短距離レースではない。マラソンレースである。レースの中盤や後半に息が切れてはどうにもならない。中盤から調子が上がっていかなければならない。完走しなければ意味がない。そして、英語学習の長いレースの中盤は高校が担っている。

　しかし、高校の英語教育はなかなか変わらない。その原因はいくつか考えられるが、大学入試もその大きな1つの原因であることは確かである。ただ、大学入試を悪者にして、「大学入試が変わらないから高校英語教育が変わらないのだ」と批判しているのは必ずしも当たっていないというのが、本書の根底にある考え方である。

　大学入試にも改善しなければならない点は多々あるものの、英語の試験である以上、英語力のある受験生が高得点を取ることは厳然たる事実である。そして、実際に時代の変化とともに大学入試問題も変わってきている。

　逆に高校側ではそうした入試問題の変化に対応した入試対策は出来ているのだろうか。実際に入試に対応しているために、英語力の育成が阻害されていることはあるのだろうか。教科書で基礎力を養うだけの授業では入試に対応出来ないのだろうか。こうした分析は行われているのだろうか。

　大学入試問題を冷静に分析し、高校英語教育がそれに対して適

切に対応した場合，どのくらい有効に対処出来るかを考えたのが本書である。

　入試と高校英語教育とのギャップを見極め，英語学習レースの中盤をより有効なものにする機運が，多くの高校で生まれることを祈って，本書を世に送る。

　なお本書では，実際の入試問題の掲載については，入試問題の素材の著作権などの関係から，分析の過程を示す目的で必要とされる最小限度に留めることとした。

　本書を編むにあたって，多くの人々のご協力をいただいた。特に語彙データベースを構築し，分析するにあたっては，東京学芸大学英語専攻の学部生，院生，院の修了生の多くの人々の全面協力をいただいた。ここにお名前を上げて謝意を表したい。学部では，穂坂多恵子，塚田和子，藤森由美子，院生では，宮城佳奈子，室本隼人，森脇英輝，蛭田量，荻原真奈美，修了生の米川朝子の皆さんに大変お世話になった。特に，宮城さんにはデータ処理の全般にわたって，ほぼ1年間の長きにわたって，お世話になった。こころからお礼申し上げたい。

　最後に，大修館書店編集部米山順一さんに感謝の意を捧げる。氏には企画からデータ処理までの長い過程，辛抱強く見守り続けていただいた。氏の辛抱強さがなければ，本書は日の目を見ることが出来なかったろう。

　　2009年3月

　　　　　　　　　　　　　　　　　　　　　　　　　　　編者

『教科書だけで大学入試は突破できる』目次

まえがき ——————————————————— iii

第1章 まじめな入試対策のために ——————— 3

1. 入試があるから？ ——————————————— 3
2. 入試がなくなれば英語力は上がるか ——————— 4
3. 入試対策は出来ているか —————————————— 5
4. 「敵を知り，己を知る」ための3つの情報 ————— 8
5. 入試の研究はあるか ——————————————— 10
6. まとめ ————————————————————— 11

第2章 文法編 ———————————————— 13

1. はじめに ———————————————————— 13
2. 調査の概要 ——————————————————— 14
   - 2-1 調査の目的 ————————————————— 14
   - 2-2 調査の方法 ————————————————— 14
     - 2.2.1 材料 —————————————————— 14
     - 2.2.2 手順 —————————————————— 19
   - 2-3 調査の結果と考察 —————————————— 25
     - 2.3.1 目的①に関する結果と考察 ——————— 25
     - 2.3.2 目的②に関する結果と考察 ——————— 31
     - 2.3.3 目的③に関する結果と考察 ——————— 37
3. 調査結果を受けて ———————————————— 41
   - 3-1 今問われる文法意識とは？ —————————— 41
   - 3-2 文法指導のための教材 ———————————— 43

3.2.1　検定教科書と文法 ———————————— 43
　　　3.2.2　構文テキスト・文法テキストの実際 ———— 44
　　　3.2.3　理想の教材 ———————————————— 47

第3章 語彙編 ———————————————————— 51

1. 調査方法 ———————————————————————— 51
　1-1　教科書の語彙 ———————————————————— 52
　1-2　入試の語彙 —————————————————————— 54
　1-3　教科書でカバーしていない語彙 ————————————— 56
2. 語彙のカバー率 ————————————————————— 60
3. 解答可能率 ——————————————————————— 63
　3-1　予測配点 ——————————————————————— 63
　3-2　解答可能率算出のための基本方針 ———————————— 65
　3-3　結果 ————————————————————————— 65
　3-4　解答可能率の高い大学・学部 —————————————— 67
　3-5　解答可能率の低い大学・学部 —————————————— 80
　3-6　調査上の問題点 ———————————————————— 95
4. 結論 —————————————————————————— 96

第4章 分量編
　　　――読解・英作文・リスニング ———————————— 99

1. はじめに ———————————————————————— 99
2. 読解指導上の問題点：分量とスピード —————————— 99
　2-1　分量の問題 —————————————————————— 99
　2-2　求められる読解スピード ———————————————— 101
3. 大学入試問題を分析する ———————————————— 103

- 3-1 国立大学・私立大学の問題はどうなっているか —— 103
- 3-2 基準を設定する —— 104
- 3-3 やはり王者は東大 —— 107
- 3-4 名古屋大学の場合 —— 110
- 3-5 侮れない京都大学 —— 112
- 3-6 私立大学の特徴 —— 113
- 3-7 早慶はやっぱり手強い —— 115
4. 英作文問題の分析 —— 129
    - 4-1 大学入試における英作文問題 —— 129
5. リスニング問題の分析 —— 135
    - 5-1 センター入試のリスニング —— 135
6. 高校の授業でできる入試対策 —— 137
    - 6-1 授業中に与える英文量を増やす —— 137
    - 6-2 速読指導「継続は力なり」 —— 141
        - 6.2.1 読解スピードは高めることができるのか —— 141
        - 6.2.2 速読訓練の結果と考察 —— 144
        - 6.2.3 教科書でできる速読指導 —— 149
    - 6-3 ライティングの指導 —— 155
        - 6.3.1 教科書を使い倒す！ —— 155
        - 6.3.2 大学への要求 —— 156
        - 6.3.3 「その年の合格答案ベスト3を紹介すべし！」 —— 157
    - 6-4 リスニングの指導 —— 158
        - 6.4.1 教科書の読み上げスピードは？ —— 158
        - 6.4.2 リスニングは総合的な力 —— 159
7. おまけ：大学入試の"常識"問題 —— 161
8. まとめ —— 166

第5章 カリキュラム編 —————————————— 169
1. 入試対策の量と質 —————————————————— 169
2. 受験勉強の前倒しで失うもの：Haste makes waste. —— 170
3. 高校3年間の見通し・アウトライン ———————————— 171
4. 知識から技能へ ——————————————————— 173
   4-1 教科書を使い尽くす ———————————————— 173
   4-2 Practice makes perfect. —————————————— 175
5. 高校入学前の春休み：入口から出口までを見通す ————— 176
   5-1 学習履歴の把握 —————————————————— 177
   5-2 現状理解度チェック ———————————————— 177
   5-3 生徒達は被害者 —————————————————— 180
   5-4 中高の狭間：どちらで指導すべきか？ ———————— 180
   5-5 テキスト分量のギャップ —————————————— 183
6. 高校1年1学期：辞書指導 —————————————— 187
   6-1 家庭学習の落差 —————————————————— 187
   6-2 辞書の指導 ———————————————————— 188
7. 高校1年2学期以降 ————————————————— 192
   7-1 まとまった分量を読ませる工夫 ——————————— 192
   7-2 分量への慣れ ——————————————————— 195
8. 高校2年：圧縮された構文の解凍 ——————————— 200
   8-1 名詞構文の扱い —————————————————— 200
   8-2 高校3年：和訳問題への対応 ———————————— 202
9. 語彙力の増強 ———————————————————— 203
   9-1 高校1年：基本語のイメージ作り —————————— 203
   9-2 高校2年後半〜3年：接辞と語根で整理 ——————— 204
   9-3 音声に意味を乗せる指導 —————————————— 205

10. 文法力の増強 ─────────────────── 210
　　10-1　口頭練習方法に一工夫 ─────────── 210
　　10-2　教科書の虫食い音読 ──────────── 211
　　10-3　テストへの発展 ─────────────── 213
11. 最後に：難問は弁別力をもたない ────────── 216

第6章　教科書だけでこれだけやれる ─────── 219

1. 教科書がカバーする範囲 ──────────────── 219
2. 生徒の学習状況 ────────────────────── 222
3. むすび：入試があるのなら ────────────── 222

教科書だけで
大学入試は突破できる

1 まじめな入試対策のために

1 入試があるから？

　高校の英語の先生方と話すと，必ず大学入試の話題になる。高校における英語授業の仕方を変えるということになると，必ず「変えることはできない。なぜなら大学入試があるからだ。大学入試が変わらなければ，高校の英語授業の仕方というものを変えることは出来ない」という議論になる。

　大学入試が高校の英語教師の前に立ちふさがっていることは確かである。「そんなことをやっていて，入試に失敗したらどうするんですか」などと言われれば，かなり不安になる。それは事実そうだろう。

　しかし，それでは，入試が変われば，本当に高校の英語授業は変わるのだろうか。あるいはもっと極端に，入試から英語がはずれれば，高校の英語授業は変わるのだろうか。「入試から英語をはずせ」という議論は昔からある。入試から英語をはずすとどのような英語教育が高校では出来るのだろうか。

　大学入試に英語がなくなれば，という問いかけも大ざっぱで適切ではない。大学入試問題一般などというものは存在しない。大学入試問題のどのようなところが，高校英語授業のどんなところに影響を及ぼし，それがなければ出来る，どんなことをブロック

してしまっているのか,と問うてみる必要がある。

　私は高校の先生方によく尋ねてみる。「大学入試から英語がなくなったら,どんな授業をしたいですか」と。この質問に,たちどころに「やりたいことリスト」を長々と示してくれる先生はあまりいない。大体,漠然と「もう少しオーラルに力を入れることが出来る」とか,「もう少し楽しい授業が出来るのではないか」,ぐらいが多い。「そうなってみないとわからない」と言う人も多いが,とにかく,具体的なビジョン(?)を示す人は絶対少数派である。

2　入試がなくなれば英語力は上がるか

　大学入試に英語が含まれている以上,それを気にするなと言うのは無理な注文である。したがって,高校の英語授業が大学入試を視野に入れたものになることは自然な成り行きである。

　また,日本の置かれている状況から考えて,入試やその他のテストが英語学習の大きな動機づけ要因になっていることもこれまた自然な成り行きである。

　つねに目の前に大学入試がぶらさがっている。そのために,入試に役立たないことは授業で出来ないという心理的プレッシャーに英語の先生はさらされることになる。

　いろいろなところで指摘されているように,日本人にとっては,英語はなくてはならないものではない。英語が使えなければ暮らして行けないというものではない。こう言うと「何を寝ぼけたことを言っているのだ。この国際化,グローバル化の時代に」という怒声が聞こえそうである。たしかに,英語が使えなければ暮らして行けない日本人はいる。毎日英語を使って仕事をしている日本人はいる。そうした人たちから言わせれば,「日本人にとって

は，英語はなくてはならないものではない」という発言は，現実を知らない脳天気な意見と受け取られるだろう。

しかし，多くの一般的日本人にとっては，英語を避けて通ることは可能である。実際に社会人になってから，仕事上でも，プライベートでも英語を使うという経験なく一生過ごす人は多い。こうした状況では，試験が英語学習にとって，最大の動機づけ要因になっていることは否定出来ない。

また，後でも紹介するように，大学入試の英語問題が基礎基本を逸脱した難問奇問のみであるという事実はない。概ね，英語が良くできる受験生が良い点をとるように出来ていると考えられる。

以上のような理由で，本書では入試をなくせば，日本の英語教育はよい方に変わるという立場は取らない。

3 入試対策は出来ているか

さて，これだけ高校英語教師たちに心理的プレッシャーを与えている大学入試だが，その対策は十分と言えるのだろうか。

対策をする前に，あるいは，対策をするためには，大学入試の分析が十分行われていなければならない。「敵を知り，己を知れば百戦危うからず」であるとするなら，まず敵を知らねばならない。

細かな分析は，本書でこれからお示しすることであるから，次章以降にそれは譲ることにして，大まかに，ここ10年ぐらいの期間で，大学入試の傾向を考えてみると，次のようなことが少なくとも言えるだろう。

　読解問題の長文化
　文法を直接的に試す問題の減少

まとまった英文を書かせる
　リスニング問題の増加

　読解問題のいわゆる本文は，少し易しめになり，そのかわり分量が増している。ネイティブ・スピーカーが読んでもわからない禅問答のような難解な文章は少しずつ減っている。

　センター試験を見てみても，大問6問をたすと，相当な分量になる。ベネッセ教育研究所の試算によると，問題文本文を2度ずつ読んで，解答に1問1分を費やしたと計算して，130wpmほどの読みの速さが必要であるとされている（詳しくは第4章参照）。

　センター試験の問題文より内容的，語彙的にずっと簡単な文章を使って大学生の読解スピードなどを測ってみると，100wpmを常時超える学生はそう多くはない。つまり，センター試験程度の問題文を130wpmのスピードで読むとなるとなかなか難しい状況である。

　文法知識を表だって問うような問題は急速に減っている。本書の第2章を見ていただきたい。この傾向がはっきりと示されている。またいわゆる，文法問題，たとえば，受動態を能動態の文に書き換える，文型を書き換えるといった問題なども減少している。

　ライティングにも変化が見られる。国公立を中心に和文英訳から，まとまった文章を書かせるような傾向が見られるようになっている。国公立大学の方がこの傾向は顕著だが，私立大学でもこの傾向が見られる。

　入試センター試験にリスニングが入ったことに象徴されるように，入試問題にリスニングが導入されて，リスニングを課す大学の数は増加している。センター試験への導入以前に，東京大学を皮切りとし，旧帝大系を中心として，全学的に2次試験にリスニング問題を導入する大学が登場し，その数は増加している。

さて，これらのかなり明らかな傾向について，高校の英語授業ではどのような対策が取られているだろうか。

　長文化傾向に対する対策としては，授業で長文をサッと読んで大意を取るなどということは増えてきているのか，というと，そうでもなさそうである。長い文を読んで問題に答えるためには，早く読める力も必要である。速読というような観点からの授業がどれだけ増えてきているだろうか。速読訓練を授業に取り入れている教師はどのくらいいるだろうか。全高校教師の3割もいるだろうか。

　文法にフォーカスして直接的に文法知識を問うような問題は近年減少してきている。こうした状況下では，文法知識を問うような問題演習に多くの時間を割くのは対策としてはあまり得策とは言えないかもしれない。いったい，こうしたことに使われる時間は減ってきているのだろうか。

　まとまった英語の文章を書かせるとなると，きわめて例外的にしか指導されていないようである。大学生に聞いてみると，高校時代にこうした指導を授業で受けたという大学生は1クラスに2，3人いればよい方である。教員研修の場で聞いてみても，指導をしている教師は50人に1，2人といった現状である。

　リスニングの方はどうだろうか。センター試験については，対策問題集のようなものも出されているので，それを学校で採択し，その問題集に沿って練習をさせているといった高校が一般的だろう。2次試験対策としては志望校により傾向が異なるものの，旧帝大系であれば，かなり内容の濃いものが出題されている。長文読解に対する長文聴解（？）のような感がある。こちらへの対策はどのようになされているかは不明な点が多い。どうも生徒任せであるような印象を受ける。

　ザッと，見渡したように大きな傾向に対して対策を講じるとす

ると，高校英語授業は，長文読解や速読訓練が増え，文法知識の練習問題演習は減り，まとまった英文を書かせる時間が増え，リスニングにも力が入ってきているとなっていなければならない。現状はそうなっているだろうか。

高校英語教師に重苦しいプレッシャーを与えている大学入試だが，高校側では，敵を知り己を知るための対策が十分取られているのだろうか。

4 「敵を知り，己を知る」ための3つの情報

受験対策としての英語教育を考えるためには，常識的に考えて次の3種類の情報を得る必要がある。

① 入試問題は，実際どのようになっているか。(敵を知る)
② 高校での授業は，生徒にどのようなことを教えているのか。(己を知る)
③ 高校生は，そのうちどの程度を理解し，定着させているのか。(己を知る)

これら3種類の情報をつきあわせることによって，今後どのような授業を展開して行けばよいのかを決めることが出来る。

まず，入試対策である以上，大学入試問題は，どのような傾向にあるのかを理解しなければならない。大雑把な最近の傾向については，既に前のセクションで述べたとおりである。細かく言えば，大学入試問題全般の傾向と言うよりも，自分の勤務校の生徒が，多く受験する大学の傾向と言った方が良いのかもしれない。

それに対して，高校ではどのような分量の，どのような種類の英語を生徒たちに与えているのか，ということもわからなければ

ならない。ところが、これが意外にわかっていない。教材には、どのくらいの分量の語彙が含まれていて、その内訳はどんなことになっているのか。どんな文法事項に、生徒たちは最も多く触れているのか、どんな文法ルールを、生徒たちが最も頻繁に使うことになっているのか等々である。本書では、このことに特に焦点を当てることにした。

　以上2種類の情報で十分であるかと言えば、そうではない。己を知る方の「己」が、2種類いるからである。教師と生徒の2種類いるのである。②の「高校での授業は、生徒にどのようなことを教えているのか」というのは教師の話である。これだけでは十分ではない③が必要になる。

　教師が与えただけ、生徒が受け取るのであれば、話はかなり簡単である。②と③は同じになるからである。ところが、教師が教えた分、生徒がそっくりそのまま頭に入れて、定着させるということはまずない。教師が10教えても、生徒の多くは、4や5しか学ばないことがある。しかし、その逆もあり得る。教師が10教えたのに、一部の生徒は15も学んでしまっているということが起こりうる。生徒は自分の意志で学んだり（あるいは学ばなかったり）しているからである。この辺が、物作りと人作りの違いだろう。そして、③を考えなければならない理由がここにある。

　大学入試が仮に、生徒に対して、多くの語彙を学ぶことを要求していたとして、教師が焦ってそのすべてを生徒に与えても、生徒がそれを受け取らないのでは意味がない。

　教科書の語彙だけでは不十分だとして、単語集などを買わせて小テストを繰り返したとしても、教科書の語彙も定着していない場合、虻蜂取らずに終わってしまう可能性がある。単語集の語彙も身についていないが、教科書の方も身についていない。これでは学習効率がきわめて悪い。

教科書だけで十分ではないとしても，まず教科書を仕上げてから，その先に進む方が能率的である。

しかし，本書では③までは分析している暇がない。本書は，①と②を引き比べて見て，教科書の内容（②）で，大学入試の内容（①）がどのくらいカバー出来ているかを示すことが目的である。③については別の機会に譲らざるを得ない。

5　入試の研究はあるか

敵を知るために，入試問題の研究をしなければならないのだが，入試の研究はあるかと言えば，「ある」と言えば言えるが，「ない」とも言えるという中途半端な状況である。

「ある」というのは，まず予備校などの受験産業では当然しかるべきデータは蓄積され，あらゆる角度から分析も行われているはずである。その成果は，高校には必要に応じて提供されている。また，高校の進路担当者やそれぞれの教科の担当者はそれなりに，入試の動向を分析している。そういった意味では，入試は研究されている。

しかし，受験産業の持っていると考えられるデータは，企業秘密でもある。特にデータの分析結果については，そういった性質が強いだろう。したがって，高校や受験生に提供されているデータやその分析結果は，受験産業側が持っている情報の一部であるということが考えられる。

本当に入試対策をするには，情報のすべてについて研究し，成果を共有する必要がある。特に入試という特定の目的を意識せずに提供されている，教科書の英語データについての分析を行い，入試との突き合わせをするというような研究はあまり組織的に行われていない。本書は，こうした研究の一例になることを目的と

して編まれたものである。

6 まとめ

　本書では,「入試の英語」と「使える英語」を全く別のものとは考えない。入試対策をすることによって使える英語も身について行くと考える。

　もちろん,入試には個別に見れば,いわゆる悪問があり,奇問も含まれている。しかし,それが入試問題の大多数を占めるものであるとは考えない。むしろ,少数派に属するものだと考える。

　特別な参考書や問題集などを多数こなさなければ突破出来ないものとも考えない。教科書を地道にこなしてゆくことによって,どこまでやれるかということを示すのが本書の目的である。

　本書は,以下の章によって,入試の英語と教科書の英語とを,文法,語彙,分量の3つの観点から調査してその共通部分を割り出そうとしている。それによって考えられる高校での入試対策の仕方についても一定の提案を行おうとするものである。

2 文法編

1 はじめに

　大学入試問題にはいろいろな問題が含まれているが，この章ではその中でも文法に焦点をあてた調査結果をもとに，そこから大学入試を突破するための効果的な文法授業と教材のあり方を提案してみたい。

　まず，大学入試問題における「英文法」に対するイメージとして，どのようなものが浮かぶだろうか？　おそらく次のような考えを持っている英語教員は少なくないのではないだろうか？
　「大学入試を突破するためには，難しい文法問題をたくさん練習して，解けるようにならなければならない。」
その結果，英語を教える際，次のような現象が起きているケースが数多く見受けられる。
　「授業ではオーラルコミュニケーションの時間を削って，文法問題の解説・演習のための時間に充てている。そのため，多くの英文にふれさせたり，英語を使って自己表現をするための時間がとれない。」
　しかし，はたしてこのような考え方や教え方は大学入試問題の現状に即したものなのだろうか？　大学入試を突破するためには，

本当に細かく難しい文法問題をたくさん練習して解けるようになる必要があるのだろうか？　もしあるとしたら，その問題とはどのような文法項目の，どのような種類の問題なのだろうか？

このような疑問に答えるべく，「大学入試問題ではどのような文法項目がどの程度の頻度で問われるのか」ということを，次に紹介する調査データを交えて考えてみよう。

2　調査の概要

2-1　調査の目的

① 大学入試を突破するために知らなければならない文法項目とはどのようなものかを調べる。
② 各大学で文法事項がどのように問われているかを調べる。
③ 年代により，文法項目の問われ方に違いがあるかどうかを調べる。

2-2　調査の方法

2.2.1　材料
① 文法テキスト・構文テキスト

まず必要となったのが，分析対象とする文法項目を選ぶことである。この調査では，『高校リード問題集』(教育開発出版) や『Forest English Grammar シリーズ』(桐原書店) など，高等学校の「英文法」の授業でよく使われる文法テキストをまず参考にした。これらのテキストでは，「不定詞」や「仮定法」というような文法項目が並んでいるが，実際に分析をする際には「不定

詞」や「仮定法」といったくくりでは範囲が広すぎるため，厳密な調査がしにくい。たとえば「不定詞」の中でも，はたしてどういった内容の事柄が入試では問われているのか，ということが結果として見えなくなってしまう，といった懸念があった。

そこでもう少し細かい項目に分ける際に参考にしたのが，『コンパクト英語構文90』（数研出版）などの構文テキストである。この構文テキストも，学校の授業でよく使われる副教材の中から選んだ。これらの文法テキストと構文テキストを照らし合わせ，63の文法項目（構文）を分析対象として選定した。詳細は表１のとおりである。

これらの項目の多くは，文法テキストでは「慣用表現」として紹介されているものであり，受験生が比較的多くの時間をかけて必死になって覚えている項目である。

表１　調査対象とした文法項目（構文）

It 中心の構文	
it is ... (for / of 〜) to 〜	〈it: 形式主語［目的語］〉
it is ... that [how, if, etc] 〜	〈it: 形式主語［目的語］〉
it is ... 〜 ing	〈it: 形式主語［目的語］〉
it is ... that [who, which] 〜	〈強調〉
不定詞を含む構文	
too ... to 〜	
... enough to 〜	
in order to [that] ...	
so as to ...	
help＋someone＋(to) 〜	
get＋someone＋to 〜	
so ... as to 〜	
such ... as to 〜	

分詞を含む構文
have［get］＋something＋過去分詞
動名詞を含む構文
there is no ... ～ ing
it is no use ... ～ ing
関係詞を含む構文
what few［little］＋名詞
what is more
A is to B what C is to D
such ... as ～
the same ... as ～
否定構文
not ... but ～
not ... because ～
not ... until ～ / It is not until ～ that ...
it was［will not be］long before ...
cannot ... too ～
cannot help ... ～ ing
cannot but ...
the last ... to ～
助動詞を含む構文
would rather ... than ～
might as well ... as ～
仮定法を用いた構文
if ＋ S' ＋ V'（過去/過去完了）, S would ...
I wish S'＋V'（過去/過去完了）...
as if［though］S'＋V'（過去/過去完了/現在）...
if only S＋V（past / past perfect）...
if it were not for ... / if it had not been for ..., S would ～
it is（about / high）time S' ＋ V'（過去）...

with ... / without ... / but for ..., S would 〜
〈if 節の代用〉, S would ...
接続詞を含む構文
both ... and 〜
either ... or 〜
neither ... nor 〜
so ... that 〜
such ... that 〜
so (that) ... can [will, may, could, would, might] 〜
in case ... (should) 〜
for fear ... should 〜
lest ... should 〜
scarcely [hardly] ... when [before] 〜
no sooner ... than 〜
not only ... but (also) 〜
比較構文
as ... as possible [one can]
... times as 〜 as / ... times more 〜 than
the＋比較級, the＋比較級
as ... as any [ever] 〜
much more / much less / still more / still less
all the＋比較級＋(for)
none the ＋比較級＋（for)
not so much ... as 〜
not so much as ...
no more ... than 〜
not ... any more than 〜
no less ... than 〜
譲歩構文
no matter how [what, when] ...

これらの項目を選ぶのに注意したことは，入試問題の中に該当する項目が出ているかどうかという「見つけやすさ」の観点と「分析しやすさ」である。以下に述べるように，この調査では大量の大学入試問題をひとつひとつ細かくチェックするという作業を行った。そのため，形の変化や構文中の単語の種類が多岐にわたるものは分析対象としては除外をした。たとえば，「前置詞＋関係代名詞」「関係詞の継続用法」「助動詞＋have＋過去分詞」「分詞構文」「知覚動詞・使役動詞＋O＋原形不定詞」などである。次に注意をしたことは，it is ... to ～など基本的なものと，might as well ... as ～など比較的細かいと思われるものの両方を含めるということである。大学入試のイメージとして，細かい文法知識が多く問われるという印象を持たれがちだが，はたしてそのような知識が要求される割合はどの程度なのか。また逆に，基本的な構文の知識は問題を解く際にどの程度必要となってくるのか。それら双方の要素についても調べるために，基本的なものと，比較的細かいと思われるものの両方を63の分析対象の構文の中に入れた。

　今回の調査では63の構文を分析対象としたが，この63という数自体には特に意味があるわけではない。文法テキストや構文テキストに紹介されている200以上ある構文の中から上述の条件を基に選定していった結果の数にすぎない。

② 大学入試問題データ

　分析対象とした文法項目（構文）がどの程度大学入試問題に出ているかを調べるために，全国大学入試問題データベース『イグザム』（JC教育研究所）や「赤本」などの大学入試問題集などを資料とした。

2.2.2 手順

① 文法項目（構文）の選定

上で述べたとおり，分析対象とする63の文法項目（構文）を選んだ。

② 大学・学部の選定

入試問題の分析対象とする大学・学部を選んだ。選んだ大学・学部，分析対象とした年代は，以下のとおり。

2003-2007年の分析対象校

1．センター試験
2．国立大学：北海道大学，東北大学，東京大学，東京工業大学，一橋大学，名古屋大学，京都大学，大阪大学，九州大学
3．私立大学：

〈早慶グループ〉

　早稲田大学：第一文学部，政治経済学部，教育学部，理工学部
　慶應大学：文学部，法学部，経済学部，理工学部

〈MARCHグループ〉

　明治大学（M）：法学部，政治経済学部
　青山学院大学（A）：文学部
　立教大学（R）：文学部
　中央大学（C）：法学部，経済学部
　法政大学（H）：文学部，法学部

〈日東駒専グループ〉

　東洋大学：文学部，法学部，仏教学部，医療健康学部
　駒澤大学：文学部，国際地域学部，経営学部

1996-2000年の分析対象校について
1．センター試験
2．国立大学：2003-2007の分析対象から，北海道大学，名古屋大学，大阪大学，九州大学を除いた大学
3．私立大学：2003-2007の日東駒専グループに日本大学：人文科学部，専修大学：経済学部を加えた大学

1979-1983年の分析対象校について
1．共通一次試験
2．国立大学：2003-2007の分析対象から，北海道大学，名古屋大学，大阪大学，九州大学を除いた大学
3．私立大学：2003-2007のうち早慶グループのみ

以上が分析対象とした大学・学部である。2003-2007年：28大学・学部×5年分＝140，1996-2000年：26大学・学部×5年分＝130，1979-1983年：14大学・学部×5年分＝90，で，合計360大学・学部分の入試問題を分析した。

なお，年代によってデータ入手が困難な大学・学部もあり，分析対象校に若干の違いがあることを了承されたい。また，センター試験および各大学・学部で出題されたリスニング問題は分析対象外とした。

③　大学入試問題分析

まず，目的①「大学入試を突破するために知らなければならない文法項目とはどのようなものか」を調べるために，各大学の入試問題を徹底的に解き，上述の63の文法項目が出現するたびにカウントしていった。ここで重要なのが，分析対象の文法項目が1回「出現」したら1問としてカウントするのではなく，「その文法項目を受験生が知らないと正解できないかどうか」ということ

を基準とし,「知らないと解けない」と判断された場合に,その問題を1問としてカウントしたことである。その項目が出ていても,「知らなくとも解ける」と判断された場合にはカウントしていない。そしてカウントされた数の多い順に,それぞれの文法項目を順位付けし,表にまとめた。

次に,目的②「各大学で文法事項がどのように問われているか」を調べるために,次のような分析方法をとった。

通常,英語教員の頭の中にすぐに浮かぶ「文法問題の形式」としては,穴埋め問題,誤文訂正問題,並べ替え問題,もしくは長文問題の中で問われる場合などが挙げられるが,今回の調査では,そのような問題の分け方ではなく,以下に示すa)b)2種類の出題パターンを設定し,分析対象項目をそのいずれかに振り分けた。

 a) Targeted-question
 b) Untargeted-question

以下では,これらa)b)がどのようなものか,具体例を挙げて説明したい。

a) Targeted-question

分析対象項目の文法知識がターゲットとなっている問題(直接その文法項目の知識が問われている問題)を Targeted-question と名付けた。以下の例では,斜字体の部分が分析対象として選んだ文法項目(構文)となる。

1. その文法項目そのものを入れさせる穴埋め問題
 かっこの中にあてはまる最も適切な表現を選びなさい。
I'll say goodbye now ( ) I don't see you again.
もう会えないかもしれないから,今君にさようならを言ってお

くよ。
ア *in case*　　イ unless　　ウ even if　　エ allowing for
(正解：ア／駒澤大学)

2．その文法項目が入っている英文和訳問題
英文を日本語に直しなさい。
The more children she has already had, *the greater* the chance of having twins next time, regardless of her age.
(正解例：年齢にかかわらず，既に産んだ子供の数が多ければ多いほど，次に双子を授かる可能性が高くなる。／中央大学経済学部)

3．その文法項目が入っている並べ替え問題
英単語を並べ替え，日本語の意味に合う英文にしなさい。
「私達が職業上どのような道に進もうとも」
what　career　*no*　our　*matter*　paths　are
(正解：*no matter what* our career paths are／法政大学文学部)

4．その文法項目の用法に関する正誤問題
文法的な誤りのある箇所を選びなさい。
I overslept, that's why I'm half an hour late; and if my phone
　　　　　　　ア　　　　　　　イ
didn't ring at nine o'clock, I *might* still be in bed.
　エ　　　　　　　　　　　　　　ウ
(正解：エ／早稲田大学理工学部)

5．その文法項目が入っている文を選ばせる問題
下の文と最も近い意味をもつものを選びなさい。
You *would have won* the essay contest if you *had typed* your paper.
ア　You failed to win the essay contest because your paper

wasn't typed.
イ　You wouldn't win the essay contest unless you typed your paper.
ウ　You won the essay contest in spite of not typing your paper.
エ　Typing your paper would give you a chance to win the essay contest.

（正解：ア／早稲田大学理工学部）

b）Untargeted-question
　特定の文法項目の知識がターゲットとなっているわけではないが，それを知らないと解けないような問題（間接的にその文法項目の知識が問われている問題）を Untargeted-question と名付けた。

1．内容一致問題
a．正解の選択肢の中にその文法項目が入っている問題
〈長文問題〉本文の内容と一致するものを選びなさい。
ア　We cannot say anything about language just by looking at its written words.
イ　Words and forms did not exist in former times.
オ　*It is* necessary *for* the understanding of the nature of language to keep in mind the producer and the recipient of the language.
（本文と選択肢ウ・エは省略。正解：オ／早稲田大学教育学部）

b．長文の中にその文法項目が入っていて，その部分がわからないと正解を出せない問題
〈長文問題〉本文の内容と一致するものを選びなさい。

(本文)　... With a complete adjustment you *not only* accept the food, drinks, habits, and customs of the host nation, *but* actually begin to enjoy them. ...
(問題)　In the final stage of adjustment foreign visitors
　　　　ア　have no further need of a sense of humor.
　　　　イ　come to feel at home in their new way of life.
　　　　　（選択肢ウ・エは省略。正解：イ／日本大学人文科学部）

2．穴埋め・並べ替え・正誤・英文和訳問題などで，その文法項目が直接問われてはいないが，それを知らないと解けないような問題
　下線部の意味に最も近いものをア〜エから選びなさい。
(英文)　He speaks *so* fast *that* I can't <u>take in</u> what he says.
(選択肢)　ア　comprehend　　イ　consider　　ウ　believe
　　　　　エ　study

（正解：ア／駒澤大学）

　今回の調査では，分析対象とした全ての大学入試問題の中から，63の文法項目（構文）を対象に，まず「知らないと解けない」と判断した問題をtargeted問題（以下，targetedと表記）とuntargeted問題（以下，untargetedと表記）にいずれかに振り分け，その数をカウントした。
　このような調査方法をとったのは，文法項目や構文などの出現回数を調べたデータは受験予備校などにあるであろうが，問題の中身まで踏み込んで調査したデータはおそらくほとんど存在しないと思われたからである。
　つまり，ここで重要と考えたのは，その文法項目が「出てくるかどうか」ということではなく，その知識がないと「本当に問題

が解けないのかどうか」ということである。言ってみれば大学入試突破のためには，たとえ知らない文法項目が「出現」しても，「問題さえ解ければ」合格きるという点である。この調査ではそのことに注目をし，targeted と untargeted を抽出しカウントする，という方法をとることにしたのである。さらに，targeted と untargeted をカウントした後に，全問題の中に占めるそれらの問題の割合を大学ごとにまとめた。

最後に，目的③「年代により，文法項目の問われ方に違いはあるか」を調べた。まず，高い頻度で問われる文法項目を抽出し，それぞれ年代別にどのくらいの頻度で問われているのかを比較した。次に，targeted と untargeted の割合の変化を，入試問題全体を対象に年代別に比較した。

2-3 調査の結果と考察

2.3.1 目的①に関する結果と考察

本調査の目的①は，大学入試を突破するために知らなければならない文法項目とはどのようなものかを調べることであった。

結果を見る前に，表1をもう一度見て，この中で，入試で問われる頻度がNo.1〜5となるのはどの構文か，また，下位にランク付けされるのはどれか，予想してみてほしい。

表2　文法項目出題頻度ランキング　2003-2007

順位	構文	頻度
1	it is ... (for / of 〜) to 〜　〈it: 形式主語［目的語］〉	92
2	if+S'+V'（過去/過去完了），S would ...	45
3	it is ... that［how, if, etc］〜〈it: 形式主語［目的語］〉	44
4	so ... that 〜	31

5	it is ... that [who, which] ～〈強調〉	22
6	as if [though] S'+V'（過去/過去完了/現在）...	21
7	too ... to ～	16
8	not ... but ～	14
9	in order to [that] ...	13
10	not only ... but (also) ～	12
11	... enough to ～	12
12	both ... and ～	12
13	〈if 節の代用〉, S would ...	11
14	the＋比較級, the＋比較級	10
15	so (that)... can [will, may, could, would, might]～	9
16	with ... / without ... / but for ..., S would ～	9
17	I wish S'+V'（過去/過去完了）...	7
18	help＋someone＋(to) ～	7
19	either ... or ～	7
20	have [get]＋something＋過去分詞	6
21	the same ... as ～	6
22	if only S+V（過去/過去完了）...	6
23	as ... as possible [one can]	5
24	no matter how [what, when]...	5
25	not ... until ～ / It is not until ～ that ...	4
26	cannot help ... ～ing	4
27	would rather ... than ～	4
28	if it were not for ... / if it had not been for ..., S would ～	3
29	neither ... nor ～	3
30	such ... as ～	3
31	much more / much less / still more / still less	3
32	such ... that ～	2
33	so ... as to ～	2

34	not ... because 〜	2
35	... times as 〜 as / ... times more 〜 than	1
36	in case ... (should) 〜	1
37	no more ... than 〜	1
38	no sooner ... than 〜	1
39	the last ... to 〜	1
40	cannot but ...	1
41	all the＋比較級＋(for)	1
42	such ... as to 〜	1
43	no less ... than 〜	1
44	there is no ... 〜 ing	0
45	it is (about / high) time S' ＋ V' (過去)...	0
46	it is no use ... 〜 ing	0
47	it is ... 〜 ing　　　　〈it: 形式主語［目的語］〉	0
48	lest ... should 〜	0
49	for fear ... should 〜	0
50	get＋someone＋to 〜	0
51	it was [will not be] long before ...	0
52	scarcely [hardly]... when [before] 〜	0
53	not so much ... as 〜	0
54	not so much as ...	0
55	none the＋比較級＋(for)	0
56	as ... as any [ever] 〜	0
57	what few [little]＋noun	0
58	what is more	0
59	so as to ...	0
60	cannot ... too 〜	0
61	not ... any more than 〜	0
62	might as well ... as 〜	0
63	A is to B what C is to D	0

表2は，2003-2007年の5年間について，分析対象にした文法項目（構文）を，大学入試問題で問われた頻度の高い順にランクづけしたものである。つまり，その文法項目（構文）を「知らないと解けない」と判断された問題の多い順に，文法項目（構文）を並べたものである。表中の頻度の数字は，それぞれの文法項目（構文）についてのtargetedとuntargetedを合わせた数を示している。

　この表を見てすぐにわかるのは，上位にランク付けされている項目は，細かく難しい文法事項ではなく，日常的によく使われるようなごく基本的な項目であるということだ。つまり，"it is ... to 〜", "it is ... that 〜〈形式主語〉"や"it is ... that [who, which] 〜〈強調構文〉"のようなit中心の構文，また，"if＋S'＋V'（過去／過去完了), S would 〜"や"as if [though] S' ＋ V'（過去／過去完了／現在）〜"のような仮定法の構文は，入試で頻繁にその知識が問われるということである。

　さらには，4位にランクインしている"so ... that 〜"や7位の"too ... to 〜"，9位の"in order to 〜"，11位の"... enough to 〜"，12位の"both ... and 〜"など，少なくとも15位くらいまでに入っているものについては，中学生でも知っている可能性の高い，非常に基本的な構文が多いことがわかる。そしてこれらはもちろん，全て高等学校の検定教科書にも繰り返し出てくるものばかりである。

　では，下位にランクインしているものとはどのような構文だろうか。問われた回数0回のもの（44位以下）を見てみると，これらは基本的な重要表現というよりは，比較的細かい文法事項といえるだろう。これらのような細かい文法事項は，たいてい生徒が試験前に覚えるのに苦労し，しかもいったん覚えたらすぐに忘れてしまいがちのものが多い。それは，長文の中にもごくたまにし

か出現しないため，文法の授業で習ったきりになってしまうことが多いのが一因と思われる。そのような細かいものは，大学入試においてもほとんど問われてはいないということが，この結果からみえてくる。

　すなわち，大学入試においては，"it is 〜 to ..."のような基本的な項目の知識が要求されることは頻繁にあるが，細かい文法事項を知らないと解けない問題はそれほど多くないといえる。

　上述のように，本調査では全部で360の大学・学部分の大学入試問題の1つ1つを詳細に調べている。その結果，その中で一度も問われていないという文法項目に関しては，受験勉強しなくても合否には影響がない。

　一度も問われたことがないものだけでなく，28位以下の文法項目は全て問われた回数が3回以下である。これは実に360もの大学・学部分の入試問題中の中で多くても3回しか知識として要求されなかったということである。たとえこの3回が3回ともピッタリ自分の受けた入試問題に出現し（5年間分を調べているのでその可能性は非常に低いが），その3問を落としたとしても，それでもそれだけで不合格になるものでもないだろう。ましてや，28位以下にランクインしているような文法項目に関して，時間をかけて暗記し，忘れたら再度覚え直すという作業をする必要がどれくらいあるだろうか。よほど時間に余裕のある受験生であれば話は別だが，たいていの受験生にはそのような時間はない。

　入試合格のためには効率良く勉強できるかどうかが重要であり，それが合否に大きく関わってくる。また入試では決して満点をとる必要はない。それらのことを考えると，現在行われている「文法」の授業を少し見直してみる必要があるのではなかろうか。

　さて，表1にまとめた文法項目のうち，頻出の文法事項とそうでないものの予想は，おおよそ当たっていただろうか？　以前，

筆者は「大学入試が高校英語教育に対して与える影響」というテーマの研究の中で，全国の高校の英語の先生にインタビュー調査を行ったことがある（Beppu, 2002，別府は筆者の旧姓）。そのインタビューでは，まずそれぞれの先生方がどの程度「大学入試」を意識して普段の授業を行っているか，ということを尋ねた。さらに，先生方に以下の構文の書かれた紙を見せ，どれが大学入試で問われる頻度が高く，どれが低いかを尋ねた。

表3　インタビューに使用した構文

1. so ... that 〜	2. it is ... to 〜
3. would rather ... than 〜	4. no more ... than 〜
5. not only ... but also 〜	6. in case ...
7. as ... as any 〜	8. all the 比較級＋for
9. no matter how	10. the last ... to 〜
11. in order to 〜	12. lest ... should 〜
13. scarcely (hardly)... when (before) 〜	
14. the＋比較級, the＋比較級	15. A is to B what C is to D
16. might as well ... as 〜	17. so that ... can 〜
18. as ... as possible (one can)	

　この調査により，興味深い結果を得ることができた。それは，入試に対する意識の高い先生であっても入試で重要なものとそうでないものを全く逆にとらえているケースが予想以上に多く，また逆に，入試に対する意識のあまり高くない先生が正確に入試で重要な構文を指摘するケースもかなりみられたことである。

　大学入試を受ける上で重要な構文はどれかというインタビューをしたところ，約半数の有名私立進学校の先生方から次のような回答が得られた。つまり，入試で頻出のものは'no more ... than 〜'（表2での頻度1），'all the 比較級＋for'（頻度1），'might as well ... as 〜'（頻度0）などであり，あまり問われ

ないものは 'so ... that 〜'（頻度31），'it is .. to 〜'（頻度９２），'in order to 〜'（頻度13）などである，という回答である。これは表２の結果と全く逆の認識であり，まさに入試には難しいもの，細かいものが重要であるという「思い込み」によるものと考えられる。

逆に，あまり入試を意識する必要がない，大学附属高校（生徒のほとんどが受験をせずに大学へ進学する）の先生方から，表２の結果に近い回答を得られるケースもあった。その先生方に入試への意識について尋ねたところ，授業で入試にとらわれることはない環境にあるが入試問題には必ず目を通している，とのことであった。

つまりここで大事なことは，大学入試を強く意識している先生であっても「思い込み」によってそれほど重要でないものを重要と考えているケースが多いということである。受験生の時間のなさと学習の効率化の重要性を考えると，あまり入試で問われないものは飛ばしてしまうなどの思い切りのよさも必要であろう。そのためにも改めて，大学入試問題を解くにあたって何が重要で何が重要でないか，ということをある程度正確に把握しておくべきである。

2.3.2　目的②に関する結果と考察

目的②は，各大学で文法事項がどのように問われているかであった。調査の結果，以下のようなデータを得ることができた。

図１は，2003年〜2007年における，各大学の入試問題に占められる targeted と untargeted の割合を示している。横軸はそれぞれの大学の全問題中における targeted と untargeted の占める割合をパーセンテージで示している。

図２は，図１の1996年〜2000年版であり，ここでは日本大学と

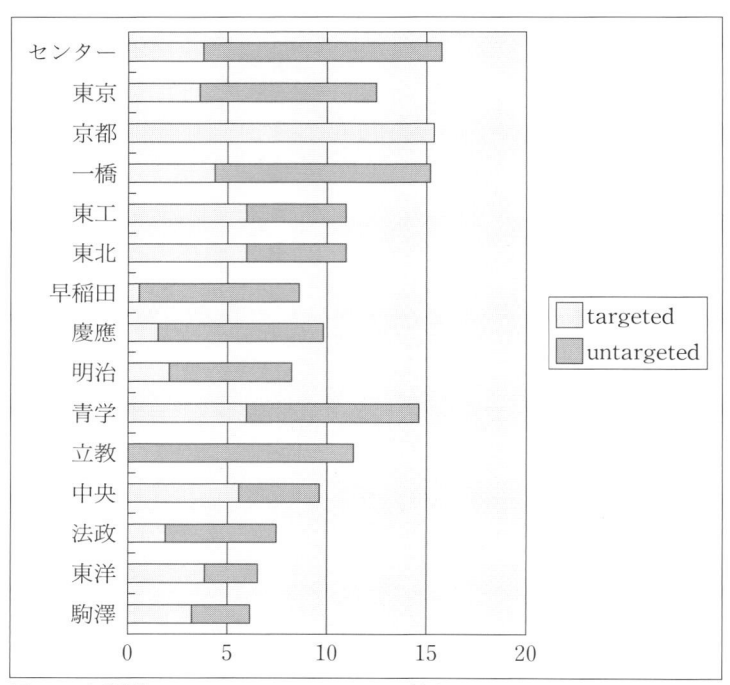

図1　大学別 targeted・untargeted の割合 2003-2007

専修大学のデータも加わっている。

　これらの図を見てまず言えることは，京都大学を除く全ての大学において targeted は10％にも満たず，多くの大学で5％にも満たないということである。センター試験でも targeted は5％未満，立教大学に至っては targeted は1問もなし，という結果になっている。全体的に国立大学のほうが私立大学に比べて targeted の割合が高いのは，和文英訳問題がより頻繁に出題されているからと思われる。

　また，untargeted にしても，それほど多く出題されていると

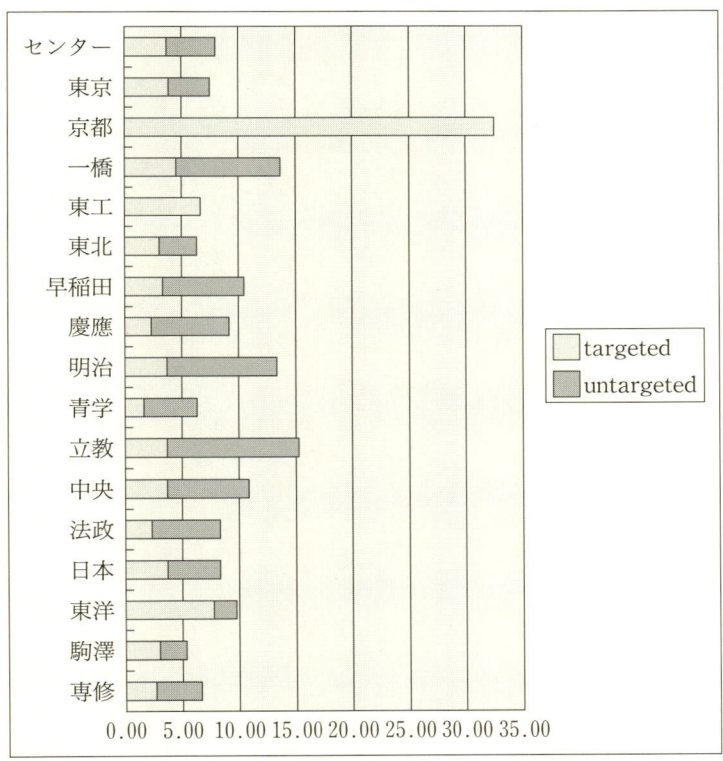

図2 大学別 targeted・untargeted の割合 1996-2000

は言い難い。さらに，targeted と untargeted 両方合わせても，割合の高い大学で15％程度であり，入試問題全体に占める割合として決して高い数値とはいえない。

　ちなみに京都大学は，毎年ある程度の分量の和文英訳問題が出題されている。その英文の中に今回分析対象とした文法項目（構文）が入っていることが多く，また「和文英訳」という問題の性質上，それは targeted に分類することが適当と判断した。図の中で京都大学の targeted が突出しているのはそのためである。

本調査では，配点については考慮に入れず，あくまで全問題の中でのtargetedとuntargetedの数を数え，割合として示している。おそらく，特にセンター試験などの「文法問題」というくくりのtargetedの場合には，配点は低いのではないかと思われる。そう考えるとますます文法知識が入試問題の中で占める割合は低くなってくる。

　また図1と2を比べてみると，わずかではあるが年代に伴った変化がうかがえる。東北大学と青山学院大学はtargetedが増えているが，早稲田大学・明治大学・立教大学・東洋大学は減っている。大雑把に見ると，targetedが減りuntargetedの増えている大学が多い。untargetedは直接その文法知識を問われているわけではないので，他の情報をヒントに問題を解くことが可能な場合もある。

　しかもここでtargetedとuntargetedとしてカウントされたものの内容（文法項目）の多くは，2.3.1で見たとおり基本的なものばかりである。たしかに，長文を読む際などには，"it is ... to 〜"や"it ... that 〜"など基本的な構文の知識は必須である。このような基本的な構文が多くカウントされているということを思い出してもう一度このグラフを改めて見てみると，細かい文法知識の必要とされる問題がいかに少ないかということが改めて実感できる。たまに細かい文法問題に数問遭遇し，たとえそれが解答できなかったとしても，それだけで不合格になる可能性は少ない。

　もちろん，本調査で扱った文法項目（構文）は全てを網羅しているわけではない。この中にないものは主なものとしては「関係代名詞」「関係副詞」「時制」「分詞構文」「should have 過去分詞」などが挙げられる。しかしこれらを入れたところで，それほど大きくデータが動くことは考えにくい。むしろtargetedの数

と untargeted の数の差がより一層開くことが予想される。

　ここで全問題の85〜90％を占める targeted と untargeted としてカウントされなかった問題の多くは，長文読解問題，英文要約問題，会話文の問題，自由英作文問題などである。中でも長文問題は，どの大学を受けても必ず出題される。入試合格を考えた場合，「細かい文法項目」を覚える時間があるのであれば，このような問題に対処できるような力を養う学習をしたほうが効率的といえる。

　もちろん，ここでいう「細かい文法項目」もたまには長文の中に出現することだろう。そうであればその文法項目を知っていれば英文読解の助けになることはあるだろう。しかし，上述のようにあくまで受験生には時間がないこと，学習の効率化の重要であることを考慮したい。「細かい文法項目」を１つ１つ覚えていき，練習問題をこなすのにはかなりの時間と労力を要する。それに見合った分量の問題が入試で出題されていればその労力も報われるが，実際はそうではないのである。いわゆる文法問題としては，運が良くて１大学・学部につき数問ある程度だろう。学習したことが１問も問われないこともあるだろう。また長文の中に「細かい文法項目」が出現したとしても，その部分が問題として問われていなければ合否には全く関係がない。やはり入試で合格点に達するためには，細かな文法の知識を追い求めるよりも，確実に出題される長文問題で確実に点数を取れるような訓練を積み重ねることが重要である。

　また，次ページの図についても考察してみたい。

　図３は，図１を大学グループ別にまとめたものである。国立大学に関しては，特殊な出題傾向をもつ京都大学のみを別に分類した。図４は，図３の1996年〜2000年版である。図２と同じく，ここでは日本大学と専修大学のデータも加わっている。

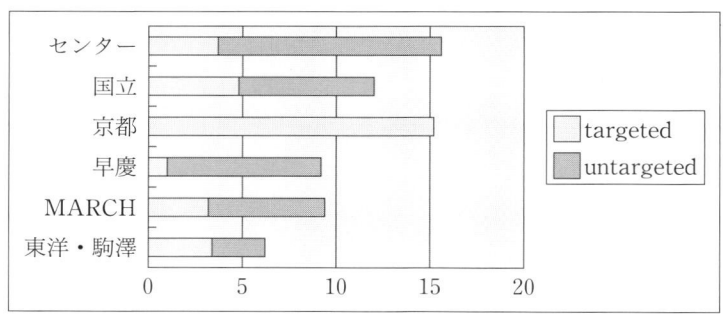

図3　大学グループ別 targeted・untargeted の割合　2003-2007

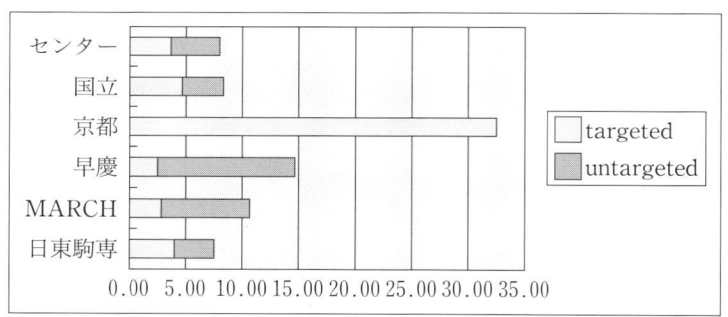

図4　大学グループ別 targeted・untargeted の割合　1996-2000

　センター試験と国立大学では，targeted の数は図3も図4もあまり変化がないが，untargeted の数は増加している。つまり，長文問題などの中で文法事項を間接的に問うスタイルの問題が増えているということである。それらのほとんどは，上述のように"it is ... to 〜" や "it is ... that 〜" のようなごくごく基本的な構文である。

　また，私立大学に関しては，図3においては targeted が早慶は1.01％と非常に低い。MARCH が3.29％，東洋・駒沢3.54％

となっており，targeted に関しては難関校になればなるほど減る傾向にあることがわかる。その傾向は，図4のほうにも顕著に示されている。ここでは targeted が早慶2.52%，MARCH3.17%，日東駒専4.21%となっている。つまり，難関校になっていくに従って，文法事項を直接問う問題が減り，長文の中などで間接的に問う問題が増えているということになる。

2.3.3　目的③に関する結果と考察

目的③は，年代により文法項目の問われ方に違いはあるかどうかを調べることにあった。調査の結果，図5のようなデータを得ることができた。

図5は，出題頻度上位にランクインした文法項目（構文）の，3つの年代における出題頻度を比較したものである。ここでは3つの年代全てに共通して分析をした大学・学部の入試問題のみを対象に比較をしている。したがってここでは，センター・共通一次，国立（東京・京都・一橋，・東工・東北），私立（早稲田・慶應）が対象になる。

"it is ... to 〜"，"it is ... that 〜" は，重要構文なので昔から問われる頻度は高いが，近年特に増えていることがわかる。やはり，これらのような基本的な構文の問われる頻度が高まっているのだ。またこれらの構文の問われ方は，その多くが untargeted だと思われる。実際，2.3.2で述べたように2003-2007年は untargeted の割合がセンター・国立・早慶で増えていたことからもそのことがうかがえる。

また，"so ... that 〜" は表2の2003-2007年のデータでも4位にランクしているが，年代別に比較をしてみると，1979-1983年から1996-2000年へ移るときに一気に減っている。1979-1983年では，和文英訳など targeted の問題，長文読解などの untarget-

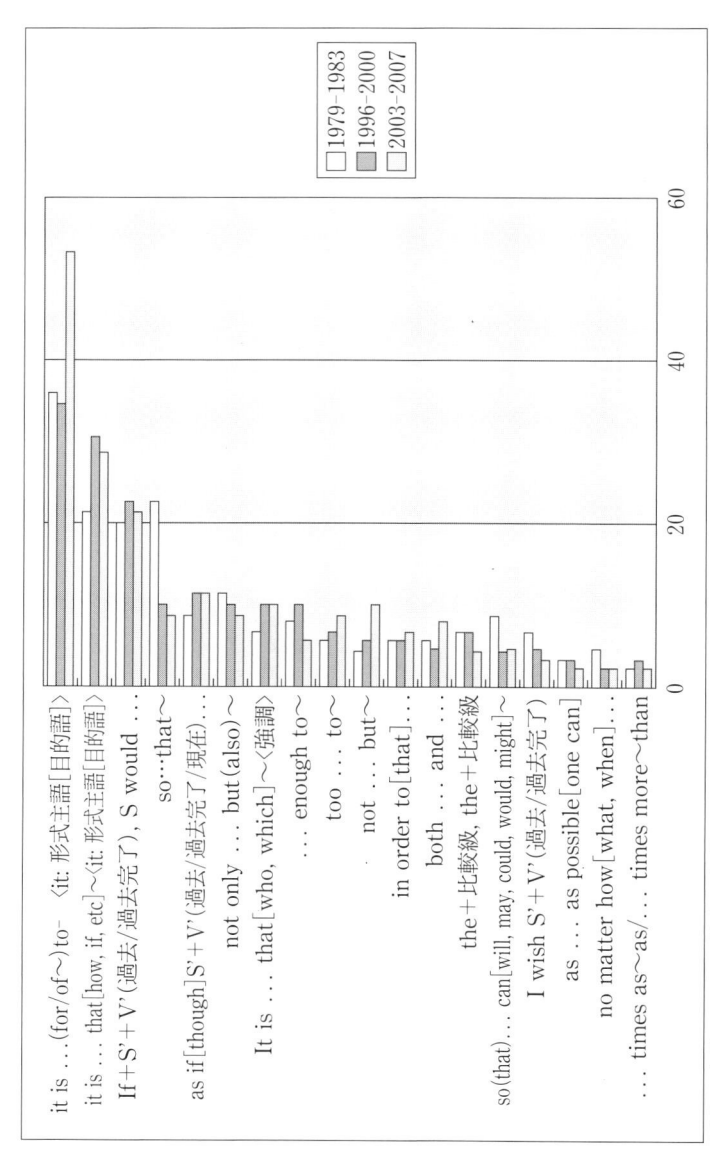

図5 上位ランクの構文 年代別比較

edの問題でこの構文の知識を問う問題が多かった。おそらく1996-2000年で一気に減ったのは，それ以前は和文英訳問題などでターゲットとされやすかったのが，このあたりの年代から減ってきたというのが一因だろう。

　上述のように，この図で分析対象として扱っているのは，センター・国立5校・早慶の問題の中のみである。したがって，もしかしたらこの中で4，5回問われているものは「頻出」とはいわないまでも「気になる」構文，いつ出てもおかしくない構文といえるかもしれない。図5に出ているものは，3つの年代で問われた回数を合計して上位にランクしたもののみである。そこで，図5にはないもので，1979-1983年に4回以上問われていた構文を全て拾うという作業をしてみた。その結果が表4である。

表4　4回以上問われた構文（1979-1983年）

構文	1979-1983	1996-2000	2003-2007
have [get]+something+past participle	6	3	1
in case ... (should) ～	4	4	1
such ... as ～	4	2	2
so ... as to ～	4	1	1

　表4に示される構文は，1979-1983年には4回以上問われていたが，2003-2007年には1回ないし2回に減っている。これとは逆に，1979-1983年には1・2問だったものが2003-2007年には4問以上に増えているものを拾う作業もしたが，1つも見つからなかった。この結果からみてもやはり，全体的にこのような構文の問われる頻度は減っているといわざるをえない。

　また，この図は調査対象とした文法項目（構文）の出題頻度，つまりtargetedとuntargetedの問題数を合わせた数のみを年代

別に比較しているが，問題の中身は変わっていると思われる。問われた数が増えている構文，あまり変わらない構文だとしても，その問われ方は変わっている可能性が高い。上述のように，targeted よりも untargeted の方が増加の傾向にあるからである。

そこで，センター・国立5校・早慶の targeted と untargeted の問題数にどのような変化があるのかを見てみたい。

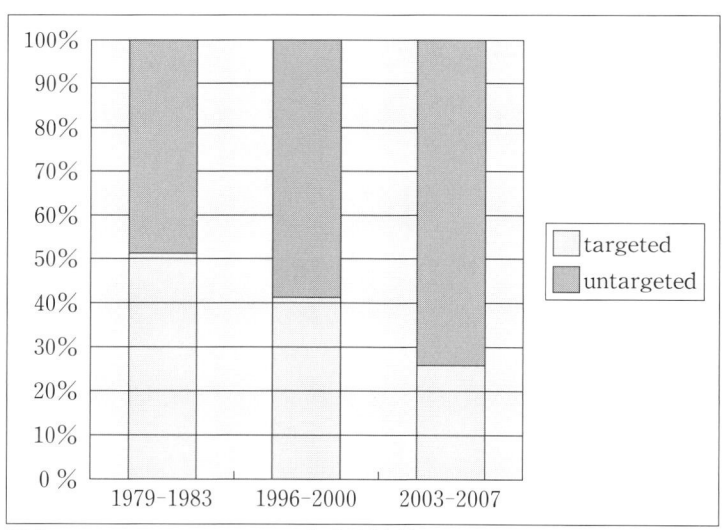

図6 targeted・untargeted 年代別比較

図6は，センター・国立5校・早慶の targeted 問題と untargeted 問題の割合を，年代別に示して比較したものである。

この図から，年代を追うにつれて targeted の割合が減り，untargeted の割合が増えているということが一目瞭然である。1979-1983年では targeted 対 untargeted の割合はほぼ1対1だったのに対し，2003-2007年ではおよそ1対4になっている。

さらにその変化のしかたを見てみると，targeted 対 untargetedの割合の変化は，1979-1983年から1996-2000年への変化よりも1996-2000年から2003-20007年への変化のほうが大きいことがわかる。しかも，年代的には1979-1983年と1996-2000年との差の方が1996-2000年と2003-20007年との差よりも大きいにもかかわらずこの結果になっている。これは，ここ10年くらいの入試問題の傾向の変化とも関連しているのではないだろうか。つまり，英文の長文化，リスニング試験の増加，自由英作文問題の増加などと相まって，文法問題を直接問う問題が減っているという現象がみられるということである。

　もしかしたら，「大学入試問題を突破するためには文法問題を解けるようにならなければならない」という考えは，古い入試問題の「イメージ」を払拭しきれていないことによるのかもしれない。1979-1983年といえば，今から約30年前である。その当時の英語教員，またその英語教員に指導を受けて教員となった人，またその教員から教えられて教員になった人…と，このような大学入試の「イメージ」と受験対策方法が受け継がれてしまっているのではなかろうか。

　大学入試問題は確実に変化している。その変化を見逃さず，実情にあった指導をすることが極めて重要だといえる。

3　調査結果を受けて

3-1　今問われる文法知識とは？

　ここでこの調査結果を考慮し，昨今の大学入試における文法知識について考えてみたい。まず，目的①の「大学入試を突破する

ために知らなければならない文法項目とはどのようなものか」ということ対する考察を，この調査結果を基に述べたい。

2.3.1の結果のとおり，大学入試で頻繁に知識として要求されるのは，基本的な重要構文が多く，細かな文法問題はそれほど多くはないことがわかった。特に表2の15位以下にランクしているものはほとんど問われない。大学入試では満点をとる必要がないことを考えると，万が一このような細かい文法問題が出題されて，その問題ができなかったとしても，合格点には十分達することができるということである。

次に，目的②の「各大学で文法事項がどのように問われているか」ということに対する考察を述べたい。

2.3.2の結果，偏差値が上がるにつれて，特定の文法項目が直接的に問われる割合は少なくなることがわかった。いわゆる「難関校」では，単なる穴埋め・書き換え・並べ替えなどの単独の文法問題ではなく，文法項目を知っていることが前提で，それを使って文章の中身をとらえさせたり，表現させたりする問題が出題されているのである。つまり，ある文法項目の知識の確認よりも，その知識の運用力をみる問題の方が多く出ているということになる。

高等学校において通常行われている「文法」の授業ではよく，細かい事項も含め全ての項目について1つ1つ覚えさせるため，穴埋め・書き換え・並べ替えなどの練習問題を多くやらせることがある。しかし，このような指導方法は少なくともMARCH以上の難関校を受ける生徒にはあまり効率の良い方法とはいえない。

では，難関校ではない大学の対策はどのようにしたら良いだろうか。たしかに，難関校ではない大学の方がtargetedの比率が大きくなっている。グループCの大学，もしくは今回調査対象としていない大学（グループCよりも偏差値的に低い大学）では，

もしかしたらtargetedの比率はある程度の割合を占めることが考えられる。この場合，穴埋め・書き換え・並べ替えなどの練習問題も難関校の場合に比べると直接役に立つ割合は多少増えるかもしれない。しかしtargetedを出題するといっても，表2が示すように問われる知識はおおかた基本的な構文である。したがって，文法学習の際には，細かな知識を覚えることよりも，不定詞や仮定法などの基本的な文法項目をしっかりと身につけさせることの方が重要ではなかろうか。また長文問題は難関校でなくとも必ずといっていいほど出題され，入試問題の中でも多くの割合を占める。長文読解力の養成に時間をかけることがやはり重要であろう。

3-2 文法指導のための教材

入試合格のためには，高等学校における文法の授業を大学入試の実情に合った効率の良いものにすることが必要であることを上で述べたが，そのためにはまず教材についても見直してみる必要があるように思う。ここではまず，検定教科書を用いての文法指導の可能性について述べ，次に現状の文法・構文テキストについて考察し，最後に調査結果を受けた理想の教材を提案したい。

3.2.1 検定教科書と文法

この調査で扱った63の構文は，文法テキストと構文テキストから選んだものだが，ほぼ全てのものが検定教科書でも扱われている。表2において下位にランクしているような細かいものは各教科書によって多少の違いはあるが，少なくとも上位30位までにランクしているものは全ての検定教科書で扱っていると考えられる。さらに，出題頻度の高い文法項目，少なくとも表2で15位以上に

入っているものは全て，検定教科書の中で複数にわたって登場するものばかりである。つまり検定教科書だけで，文法項目の種類としては入試合格に十分であるということができるのだ。また教科書においてはそれぞれの文法項目が単体で出現するのではなく，必ず長文の中で出現する。したがって，その文法項目の実際の使われ方を認識しやすいのも教科書を利用する際のメリットである。このように考えると，英語Ⅰ・英語Ⅱ・リーディングで使われる検定教科書は文法学習にとても大切であり，大学受験をする上でも大変有意義な教材だと言える。

ただし，「文法」をひととおり学習しようとすると，検定教科書では文法項目別に整理されていないことが多く，不便な面もある。その際には検定教科書とは別に文法テキストを一冊用意した方が学習しやすい。教科書によっては学習者フレンドリーの配列になっているものも見受けられるが，それでも教科書とは別に文法専用の教材を用意したほうが安心だろう。しかしここで気をつけなければならないのは，文法テキストを使うことで，かえって入試合格にとって不要なことも学習しなければならないということが起こりうるということである。文法テキストの使い方によっては，入試でほとんど問われないような細かい文法項目をひたすら練習してしまうこともありえるのだ。したがって，副教材の選定とその利用方法に今回の調査結果を踏まえた細心の注意が必要である。

3.2.2 構文テキスト・文法テキストの実際

では，どのような文法テキストを選び，利用することが理想といえるだろうか。これまで述べてきた調査結果をふまえると，1つ1つの文法項目や構文，慣用表現などを全て同じ重さで扱うのではなく，重要なものを強調して扱う方が良い，ということが言

える。

　たとえばある構文テキストによると，"it is ... to 〜"と全く同じ重さで"would rather ... than 〜"や"not so much as ... as 〜"，"no more than ..."などの構文が紹介されている。（それぞれの構文の出題頻度に関しては，改めて表2を参照されたい。）テキストで紹介される順番こそ"it is ... to 〜"が一番はじめに置かれるという形にはなっているものの，上に挙げた全てが同列の見だし（目次）となっているのである。

　さらに，見だしとして紹介されている構文のページを開くと，さらに3つか4つ，関連表現が「これも覚えるべき構文」という形で紹介されている。たとえば，"what is called"という見だしのページには，"what is＋比較級"，"A is to B what C is to D"などが紹介されている。"what is called"と"what is＋比較級"は本調査で対象とはしていないが，"A is to B what C is to D"については表2でも出題回数0回ということが確認できる。確認したところ，この構文に関しては，表2に示される2003-2007年のみならず，調査対象とした全ての年代で1回も問われていないことがわかった。つまり，この構文は大学入試問題において本当にごくまれにしか問われない。そのような構文がテキストで「覚えるべき構文」として紹介されているのである。時間のない受験生にとって，このように紹介されてしまっては，時間のロスにつながりかねない。

　ここではある構文テキストについて例をあげて説明したが，このようなテキストは一冊にとどまらず数多く存在しており，高等学校の授業でも広く用いられている。いったん学校で採択され授業で使用されてしまうと，書いてある内容をとばしながら授業をしていくことはかなり勇気のいることである。ましてや，見だしになっているものはもちろん，「覚えるべき構文」として紹介さ

れているものを無視することはできないだろう。そうなると、重要なものから入試でほとんど問われないようなものまで全てに時間をかけてしまうことになる。

　また、「構文テキスト」だけでなく「文法テキスト」でも同じく重要なものと細かいものの区別がわかりづらいものがある。文法テキストの場合はたいてい、それぞれの文法項目の基本的なところを基礎から解説し、それに練習問題をつけていることが多いが、その部分は必要かつ重要な部分だろう。しかし、各文法項目の終わりの方になってくると慣用表現が羅列してあり、すべて覚えるべきとばかりに紹介されていることが多い。そしてそれらに対する練習問題も、基礎の確認問題と同じ位の割合で載せてある。実際、慣用表現として紹介されているものは数が多く、生徒たちは試験前に覚えるのにかなりの苦労をし、時間をかける。「教養」という面では意味があるのかもしれないが、それだけの労力は入試にほとんど結びつかないことを考えると、この方法は時間のロスが大きいと言わざるをえない。

　もちろん、文法テキストの中には、基本的かつ重要な文法事項の説明と、比較的細かいと思われる事項を分けてあり、細かいものに関しては「補足」のような形で紹介してあるものもある。そのような形になっていると、学習者は重要なものとそうでないものを区別しやすい。

　また、テキストによっては「基本編・標準編・発展編」といった形でレベル別になっているものもある。この場合当然、「発展編」が一番細かい文法事項までくまなく紹介されていることになる。この中からテキストを選ぶ場合、偏差値の高い高校になるほどレベルの高い「発展編」を選ぶ傾向にあるだろう。

　しかしここで、大学が難関校になるほど文法問題の出題される割合が低かったことを思い出してほしい。

細かい文法問題をたくさんこなしてある程度効果があると考えられるのは，中堅以下の大学を受ける場合である。そのことを考えると，MARCH以上を受ける生徒の多い高校では，むしろ「基本編」か「標準編」を選択したほうが効率的であるということになる。

　ただし，3つのレベルのテキストが存在し，トップレベルの高校であるという意識がある以上，「基本編」や「標準編」を採択するのはかなり難しいかもしれない。採択したあとにも不安がつきまとい，他の教師や親，生徒からの不信感を招くなど，「これでよかったのか？」と精神的な負担を強いられることにもなりかねない。そのようなことにならないためにも，文法テキスト自体をある程度見直す必要があると考える。

3.2.3. 理想の教材

　では，大学受験のために最適な理想の教材とはどのようなものだろうか。

　ここで提案したいのは，とにかく基本的かつ重要な項目に絞ったもの，またはそれを強調したものである。練習問題としては，重要項目に限って，簡単なものから文構造をしっかりと把握しなければ解けないようなもの，さらにその項目を使って英作文などの自己表現までつなげるなど幅広い練習問題を含んだ教材が理想である。

　細かい知識については，あくまで補足・参考であることがはっきりとわかるように，ただし気になった時にその意味や用法がわかる程度に記述をしておくのが望ましい。「これも覚えるべき」とばかりに覚えさせる必要はないのだ。

　すでに述べたが，この調査ではすべての文法項目を網羅しているわけではない。ここでは分析対象としてはいないが，基本的か

つ重要な文法項目も複数ある。たとえば,「関係代名詞」の基本,「関係副詞」,「時制」,「分詞構文」,「should have 過去分詞」などの項目である。この調査で出題頻度の高いとわかったものにプラスして,これらのような文法項目が中心となる,もしくは中心となっていることがわかるテキストが理想である。

　また,重要項目については練習問題を幅広く設けることにも理由がある。前にも述べたが,英文の長文化,リスニング問題の導入,対話形式の問題や自由英作文問題の増加など,大学入試は様々な形で変化している。文法問題も,単なる穴埋めや並べ替えといった単純なものから,長文の中で使われている表現を読み取ることができるか,その知識を自分で表現として使えるか,といったことが試されている。単なる知識の確認にとどまらず,その知識の運用力を問う問題が増えているのである。

　このような変化に対応するためにも,重要な構文に関しては十分に練習を行っておく必要がある。文法の学習で大切なことは,1つ1つの文法項目の意味や用法の確認だけでなく,主語のかたまりの認識,後置修飾などの文構造を把握する力をつけることである。単なる穴埋め問題などに加えて,そのような練習ができるような問題を解くことが必要である。そしてその力は長文読解力につながっていくと考えられる。

　もちろん,文法テキスト一冊で全ての力をつけることは不可能である。重要構文に関しては,他の長文の教材なども通じて何度も学習していく必要がある。しかしここでは,文法テキストは,それを見ればどれが大切なのか,どのような練習をしてどのような力をつけることが入試合格につながるのかが受験生が見てすぐにわかるというようなものを提案したい。そのためには,重要構文に関しては豊富に,そうでない構文に関しては程度に応じた練習問題の付け方をしていく必要があると考えている。

一言でいうと「基本を徹底的に，細かいものはほどほどに」ということである。そして，基本については様々な練習をし，自己表現のレベルにまでもっていくことのできる教材が理想である。調査結果からも明らかになったとおり，現在の入試に必要なものはまさに「基本の徹底」であり，それをいかに自分のものにできるかということである。そのことをふまえた授業を行っていけば，「日本人は文法知識はあるが英語は使えない」といった日本の英語教育に対する批判も弱まっていくのではなかろうか。

　仮にここで提案するような「理想の教材」があったとしても，やはり今までどおりの形の方が授業もやりやすく試験問題も作りやすいことからそれを採用しにくいということもあるかもしれない。また出版社としても，あまり画期的なものは出版しにくいという実情があるかもしれない。しかし，今回の調査が明らかにした大学入試問題の現状を見つめると同時に，生徒につけさせたい英語力とは何かについて考えてみることは重要である。

　ここでの調査結果と考察をふまえれば，「検定教科書＋理想のテキスト」があれば，大学受験のための文法は十分だと考える。これで理解できない事項に出くわしたら文法参考書などを利用したり，自分の苦手な箇所があれば問題演習を追加するなどしてみるとよい。

　「検定教科書＋理想のテキスト」は文法力のみならず，長文読解力，基本的な文法事項の運用力など，これから必要になると思われる英語力をつけることを目指すものである。このような教材を用いて授業を行えば，もう冒頭に述べた「受験のせいで英語が使えるようにならない」というような考えもなくなっていくであろう。むしろ，受験があるからこそ基本的な英文法を自分のものにできた，それを実際に使うことができたと言えるような高校英語教育になればよいと願っている。

【参考文献】

BEPPU 2002（別府有紀）"The Washback Effects of University Entrance Examinations on English Education in Japanese High Schools," 東京学芸大学大学院教育学研究科英語教育専攻　外国語教育講座修士論文

【使用教材・データ】

教育開発出版『高校リード問題集』

桐原書店『Forest English Grammar』

数研出版『コンパクト英語構文90』

旺文社『全国大学入試問題正解・英語』

研究社『大学入試英語問題の徹底的研究』

トータルシステムデザイン『受験生のための入試問題攻略ソフト Talisman』

教学社「大学入試シリーズ」

ジェイシー教育研究所『大学入試問題データベース X-am』

3 語彙編

　文法については第2章で扱われているが，語彙の面はどうだろうか。大学進学を意識した高校では，よく単語集を教科書とは別に生徒に買わせ，定期的に小テストなどをして語彙を増やそうとするが，教科書に出てくる語彙のみでは大学入試に立ち向かえないのだろうか。

　また，教科書の語彙はちゃんと生徒に定着しているのだろうか。教科書の語彙がよく定着していないところへ，単語集の語彙をまた注入しようとしても虻蜂取らずになってしまうのではないだろうか。

　この章では，教科書の語彙が入試問題（長文読解問題）の語彙をどのくらいカバーすることが出来ているかを検証するとともに，実際にどのくらい教科書語彙だけで，入試問題に解答することが出来るのかを調べてみることにする。

1 調査方法

　高校教科書の語彙を調べ，そのデータベースを使って，実際の入試問題にあたり，教科書に載っていない語がどのくらいあるかを調べる。その上で，教科書に載っていない語はわからないとして，問題を実際に解いてみて，解けるかどうかを試してみる。

1-1　教科書の語彙

　高等学校によって3年間で組むカリキュラムには違いがあるが，大学進学者が多い高校の場合を考えることとすると，多くの学校で「英語Ⅰ」「英語Ⅱ」「OCI」「リーディング」「ライティング」を履修していることから，授業で得られる語彙の1つのタイプとして，この5科目の教科書に出てくる全語彙を「教科書だけ」から得られる語彙として，大学入試問題の語彙と比較した。

　使用した教科書は，以下の通りである。

Departure Oral Communication I Revised Edition
　　　（平成19年度〜，岡秀夫ほか，大修館書店）
Genius English Course I Revised
　　　（平成19年度〜，米山朝二ほか，大修館書店）
Genius English Course II Revised
　　　（平成20年度〜，米山朝二ほか，大修館書店）
Genius English Readings Revised
　　　（平成20年度〜，岡田伸夫ほか，大修館書店）
Genius English Writing Revised
　　　（平成20年度〜，佐野正之ほか，大修館書店）

　以上の5冊で扱われている語彙を合わせてデータベースを作成した。

　5冊を合わせた語彙に，中学校の検定教科書全種類で使用されている語彙もデータベースに加えた。『英語指導資料　中学で学ぶ英単語　平成9〜12年度版中学英語教科書』（開隆堂出版）を参照して，以下の文科省検定中学校英語教科書7社に出てきた単語をリストした。

COLUMBUS ENGLISH COURSE 1〜3
　　（東後勝明・松野和彦ほか，光村図書）
NEW CROWN ENGLISH SERIES New Edition 1〜3
　　（森住衛ほか，三省堂）
EVERYDAY ENGLISH 1〜3
　　（上田明子ほか，中教出版）
NEW HORIZON English Course 1〜3
　　（浅野博・下村勇三郎・牧野勤ほか，東京書籍）
ONE WORLD English Course 1〜3
　　（佐々木輝雄ほか，教育出版）
SUNSHINE ENGLISH COURSE 1〜3
　　（島岡丘ほか，開隆堂）
TOTAL ENGLISH 1〜3
　　（堀口俊一ほか，秀文出版・学校図書）

　　　　　　　　　　　　　（いずれも平成9年〜12年度版）

　本書の趣旨は，教科書だけで大学入試にどれだけ対処出来るかということであるが，それは「高校の教科書だけで」という意味ではない。特別な参考書などを用いないで，どのくらいできるかということである。したがって，高校の教科書にはたまたま出ていなくても，中学校の教科書に出てきたものでも大学入試で出題されているものもあり得る。

　実際には高校生は，中学校では検定教科書どれか1種類で英語を習ってきているのだが，それを特定することはできないので，異なり語の総数を加えておくこととした。中学生は，7種類のうち，1種類を使って学習するわけで，個々の中学生が習う語彙は，ここに上げた語彙より実際にはずっと少ないと考えられる。

　こうして作り上げた教科書語彙データベースは，高校の5科目

の教科書に載っている異なり語と中学校教科書の異なり語の総数から成り立っている。最終的にこのデータベースにリストされた異なり語の総数は7019語ということになった。

表1　教科書語彙

	中学教科書	高校教科書	計
異なり語数	2803語	4216語	7019語

　本章の目的は，教科書の語彙で入試問題がどのくらいカバー出来るかということであり，それは，7割カバー出来るか5割なのかということを見極めることである。62％か64％なのかというような細かいことではない。したがって，語彙のデータベース作成に当たっては，厳密に語彙表を作るのではなく，かなり大雑把におこなった。厳密に言うと同じ形をした語であっても意味が異なったり，品詞が異なったりすることはある。そうしたことを厳密に仕分けしてみないと正確なところはわからないのだが，目的に照らしてさほどの厳密さは必要ないと判断した。

　その他にも，細かくカウントする必要があまりない理由がある。それは，入試に正解するのは，語彙だけの勝負ではない。文法，背景知識などが必要である。しかも，正確な配点，採点方法もわからないなど，いろいろ不明な点があるからである。

　配点については本書では，執筆者がシミュレーション的に仮の配点を考えて解答可能率を算出しているが，それについては後で詳しく述べることにする。

1-2　入試の語彙

　入試問題の調査に当たっては次のような大学・学部を調査対象

とした。

1．センター試験（リスニング問題も含む）
2．国立大学
　北海道大学，東北大学，東京大学，東京工業大学，一橋大学，
　名古屋大学，京都大学，大阪大学，九州大学
3．私立大学
　〈早慶グループ〉
　早稲田大学：第一文学部，政治経済学部，教育学部，理工学部
　慶應義塾大学（以下，慶應大学）：文学部，法学部，経済学部，
　　　　　　　　理工学部
　〈MARCHグループ〉
　青山学院大学：文学部
　立教大学：文学部
　中央大学：法学部，経済学部
　〈日東駒専グループ〉
　東洋大学：文学部，法学部，仏教学部，医療健康学部
　駒澤大学：文学部，国際地域学部，経営学部

　調査対象大学・学部については，試験の難易度，偏差値，一般的な注目度を考慮して上記のように大きなグループの代表を選ぶという形で決定した。
　調査対象としたのは，上記大学・学部の2007年度の入試問題である。2007年を選んだのには格別な理由はない。これが本書作成の時点での最新入試問題であったという理由である。
　大学入試問題においては，国立大・私立大を問わず，長文読解問題の比率が高いので，この調査では，各大学・学部の長文読解問題を調査の対象とした。（文法の問題の分析については，第2

章「文法編」を参照していただきたい。)

　今回の調査では，センター試験を含め，延べ24大学・学部分（学部が異なっていても共通の問題である場合があるので，正確に言えば，「入試単位」）の入試問題を扱った。

1-3　教科書でカバーしていない語彙

　さて，このようにして教科書語彙のデータベースを作り，調査対象となった大学・学部の入試問題の中から長文問題を選んで，両者のギャップを調べるわけであるが，次のような方式で調査を行った。

　早稲田大学教育学部（2007年）の第1問を例にとって説明してみよう。教育学部の第1問は次に示すようなものである。

　この中に網掛け（以下「黒塗り」と呼ぶ）になっている語彙は教科書語彙データベースにないものである。例えば，evolution, claim などは約7000語の教科書語彙には含まれていなかったので，黒塗りしてある。

　narrower には narrow まで，waists には waist までが黒塗りにしてあるが，これは narrow は教科書語彙にないが，narrower はある，waist はないが waists はあるという意味ではない。それぞれの語の語幹に黒塗りをしたという意味である。

　また，教科書語彙データベースに載っていなくても，以下のようなものについては，黒塗りをしなかった。ここに示した早稲田大学教育学部の第1問について，具体的にそれぞれがどのようなものなのかは表2（59頁）を参照していただきたい。

(1)　ローマ字読みができ，かつカタカナで日本語として意味が通るもの。

(2) 既習語に単純な接辞がついているのみのもの。
　　（例）　動詞につく三単現の -s(-es)や過去形，～ing 形など。
(3) 既習語同士が複合し，意味が大幅に変化しないもの。
(4) 注訳などで意味が与えられているもの。

そうしたことを頭に入れて，実際に問題を見ていただきたい。

【1】次の英文を読み，設問1～10に答えよ。

　It has long been believed that long-distance walking played an important role in the evolution of mankind. Many of the features that distinguish the various species of Homo are useful for walking: long legs, narrow er waist s, shorter toes. Now Dennis M. Bramble , a biologist at the University of Utah , and Daniel E. Lieberman , an anthropologist at Harvard University, claim that running also played an important role in shaping our species.
　(1) If you have ever chased a cat that is trying to avoid a bath, you have every right to conclude that, for our size, we humans are pretty poor runners. Chasing a cat, however, is sprinting. (2) Where we excel is endurance running. Moreover, we run long distances at fast speeds: many joggers do a mile in seven and a half minutes, and top male marathon runners can string five-minute miles together for more than two hours. A jogger could keep up with the trot ting speed of a thousand-pound horse. Good endurance runners are rare among animals. Although humans share the ability with some other groups, such as wolves and dogs, hyenas, and horses, we alone among primates can run long distances [　A　].
　What evidence can support the idea that endurance running by itself gave early humans an evolutionary advantage? Many traits, after all, are useful for walking [　B　] running, such as

long legs and the long stride they enable. Running and walking, however, are mechanically different. A walking person is aided by gravity , with his hip swinging over the planted foot. In contrast, a runner bounce s along, aided by tendons and ligaments that act as springs, which (3) alternately store and release energy.

(4) Differences in the bodies of humans and chimpanzees highlight the human adaptation s for long-distance running. There are fewer muscle connections between the head and the shoulders in the human than in the chimpanzee. The weaker connection enables the head to move independently of the shoulder, which rotate s while running. Both the Achilles tendon of the heel and the tendon of the arch of the foot are much smaller in chimpanzees than they are in humans; in a running person they act like springs, absorb ing and releasing energy.

Bramble and Lieberman 's wide-ranging analysis makes important correction s to the scientific picture of early humans. Our ancestors may have ranged across large distances in the heat of the African savanna in relatively short spurt s of long-distance running, [　C　] by walking. They [　D　] dead animals before other scavengers did, or perhaps they were adapted to running down prey before spear throwers or bows were invented. (5) Our current appetite for jogging is made possible by the early selective pressures that made humans one of the most accomplished endurance-running animals.

[注] hyenas：ハイエナ　primates：霊長類
　　　tendons：腱（Achilles tendon：アキレス腱）
　　　ligaments：靭帯（じんたい）　scavengers：腐肉を食べる動物

表 2 早稲田大学・教育学部の入試問題の網掛け語彙（第 1 問，本文のみ）

1	evolution
2	Homo
3	narrow
4	waist
5	Dennis
6	Bramble
7	Utah
8	Daniel
9	Lieberman
10	anthropologist

11	claim
12	excel
13	trot
14	wolves（wolf）
15	evolutionary
16	stride
17	mechanically
18	gravity
19	bounce
20	alternately

21	adaptation
22	rotate
23	heel
24	absorb
25	analysis
26	correction
27	spurt
28	spear
29	selective

なお，前に述べた通り，以下の語彙は網掛けにはしなかった。

(1) ローマ字読みができ，かつカタカナで日本語として意味が通るもの。

1	chimpanzee
2	savanna

(2) 既習語に単純な接辞がついているのみのもの。(2)に該当する語彙は多いので，3 語のみ例を示す。

1	believed
2	walking
3	played

等

(3) 既習語同士が複合し，意味が大幅に変化しないもの。

1	long-distance
2	five-minute
3	thousand-pound
4	wide-ranging
5	endurance-running

(4) 注釈などで意味が与えられているもの。

1	hyenas
2	primates
3	tendons（Achilles tendon）
4	ligaments
5	scavengers

このようにして調査対象の入試問題を1問ずつチェックしてゆくというかなり時間のかかる仕事を行った。

2 語彙のカバー率

こうして，調査対象とした大学の長文問題の総語数のうち，教科書語彙でカバー出来ているものを割り出すと次のようになった。

表3　教科書語彙のカバー率（全体）

総語数	黒塗り語数	カバー率
55622語	2453語	95.6%

表3の総語数は調査対象の全大学全学部の長文問題に含まれている語数の合計を示す。総語数であって，異なり語数ではない。つまり，同じ単語が複数出てくる場合は，それをすべてカウントしてあるということである。黒塗り語数というのは，教科書のデータベースに載っていない語を黒塗りにして調べているが，その黒塗りになった語の合計という意味である。これも，異なり語数ではない。つまり，教科書語彙データベースに載っていない語が繰り返し出てくればその都度カウントしてある。

総語数を分母とし，総語数から黒塗り語数を引いたもの，つまり，教科書でカバー出来ている語数を分子として割り出した率を

カバー率としている（下の式を参照）。

（総語数－黒塗り語数）÷総語数×100＝カバー率

　結果は，95.6％のカバー率である。教科書でカバーできているのが，この割合である。これを低いとするか高いとするかは人の見方によって違いうるだろうが，95％を超えているというのはかなり高いカバー率であると考えるのが常識的ではないだろうか。
　受験生は，教科書の語彙をきちんと全部自分のものにしておけば，100語に95語以上は知っている単語という状況にあるということである。これは大学入試対策として大変大きな意味を持つだろう。このデータは，教科書による地道な努力がいかに大切かを教えてくれているように感じる。
　表4は調査対象の大学・学部，それにセンター試験を加えたものの全体像である。それでは，大学別にはどのようになっているか，次の表4に上げる。

表4　大学別カバー率

大学名	総語数	黒塗語数	カバー率
慶應	10924	586	94.6
早稲田	15400	778	94.9
中央	4183	135	96.8
駒澤	785	18	97.7
青山	1597	70	95.6
東洋	1508	49	96.8
立教	2312	78	96.6
一橋	1052	37	96.5
九州	1374	46	96.7

東京	2754	86	96.9
東北	2143	99	95.4
名古屋	1106	73	93.4
京都	1055	60	94.3
大阪	983	66	93.3
東京工業	1331	77	94.2
北海道	2612	96	96.3
センター	3365	94	97.2
センター・リスニング	1138	5	99.6

　表4を見てみると，一番カバー率の高いのが駒澤大学の97.7％，最も低い大阪大学でも93.3％で，大学ごとのカバー率もほぼ全体の平均と同じで，大学による偏りは特にないことがわかる。

　センター試験のカバー率が全体で97.2％であることも，このテストが高校での教育をよく考えて出題されていることもわかるし，リスニングの部分が99.6％であることも，未知語が含まれないような配慮がよくされていることを物語っている。

　また，東京大学が96.9％と，筆記試験としては，駒澤大学，センター試験に次ぐ高いカバー率を示していることも注目に値する。よく言われることだが，東大がかなり素直な良問を出題していることの証でもあるようである。

　表4についてひと言コメントしておくと，表の中で，総語数に差があるのは，必ずしもある大学が長文化傾向にあるということは意味しない。表は大学ごとにまとめてあるので，調査対象の学部が多く，学部単位で違う問題を出題している大学は，総語数はそれぞれの学部の長文問題の総和になるので多くなっている。

3 解答可能率

　長文問題の語彙の95%以上が教科書に出てきているものであることはわかった。この率はかなり高いものである。しかし，話はここで終わるわけではない。

　高いカバー率だからと言って，解答が簡単にできるとは限らない。たった一語が黒塗りであっても，それが問題に答えるためのキーワードである場合，その語がわからないために解答出来ないということはある。

　逆にカバー率が低いと，即難しい問題かというと，それも必ずしも真ではない。問題で問われていることに関係ない箇所に，未知語が多く含まれていても解答には差し支えない。また，問題の箇所に未知語があっても前後関係で十分意味が推測可能なものもあり得る。ただ，未知語が多いために，それだけで焦ってしまう受験生はいるかもしれない。

　こうした事情により，カバー率のみで教科書語彙の有効性を論じるわけには行かない。

　そこで実際に，問題を解いてみた。黒塗りは黒塗りとして，「わからない」ということを前提として，筆者と協力者が問題をどのくらい解けるか試してみたわけである。

3-1　予測配点

　実際に解いてみてどのくらい解けるかを調べる際に，大切なのは配点である。「どのくらい」ということを推し量るには，配点がわからないのでは不可能である。例えば，10点配点されている和訳問題などでは，通常10点か，さもなければ0点ということはない。部分点が与えられる場合の方が多いと考えられる。黒塗り

の部分が，どのくらい正解を引き出すのに，足かせになるかということを考えるのには配点が大切である。

表5に筆者の想定した配点の例として，後で詳しく分析することになる早稲田大学教育学部の大問Iを載せておくので参照してほしい。

表5　想定配点の例

大問番号	設問番号	問題形式	配点
1	1	文完成・選択	3
	2	下線部の意味・選択	2
	3	空所補充・選択	2
	4	空所補充・選択	2
	5	下線部の意味・選択	2
	6	下線部の意味・選択	2
	7	語の整序・選択	3
	8	下線部の意味・選択	3
	9	内容把握・選択	3
	10	タイトル決め・選択	3
		計	25

配点は普通，解答するときに受験生に知らされているものではない。本書では本書なりの配点を，筆者がもう一人の高校教師経験者（現在は大学教員）の協力を得て，考えてみた。これは実際の配点とは異なっているだろうから，解答可能率にはそれなりの誤差があるはずである。しかし，筆者と協力者の高校での教職経験から，そんなに実際の配点とかけ離れているとは思わない。

3-2 解答可能率算出のための基本方針

　黒塗り語彙を考慮しながら、どの程度正解することができるか（解答可能率）を調べた。解答可能率を算出した基本方針は、以下のとおりである。

　①この章では、語彙のみに焦点を当てているので、「語彙のみにフォーカスした」解答可能率である。実際には、解答者の文法力、構文把握能力、総合的な読解力等で解答の可不可は左右される。

　②問題を解くのに必要な箇所に黒塗り語が含まれていても、必ずしもその問題が解けないとは限らない。具体的に以下のケースは、解答可とした。

(1)　その語を無視しても解答できる。
(2)　その語の意味を推測できる。
(3)　その語の意味が本文中等で説明されている。
(4)　本文中の該当語と、問題の選択肢中の該当語を対応させ、本文中の該当語、あるいは選択肢中の該当語の意味が分からなくても、答えが選べる。

　③部分点を考慮したのは、下線部和訳問題、本文の内容について記述式で説明を求める問題である。これらの問題の解答可能率については、前述したように、筆者ともう一人の高校英語教職経験者が、経験から設定した配点に基づいて割り出したものである。入試の際にそれぞれの大学・学部などが用いた配点とは当然誤差が生じるはずである。

3-3　結果

　こうしてどの程度、それぞれの問題が解答可能なのかを大学・

学部ごとにパーセントで出したものが，表6である。

表6 解答可能率

大学名	学部	解答可能率(%)	大学の平均(%)
慶應	経済	68.0	67.0
	文学	75.6	
	法学	80.0	
	理工	44.5	
早稲田	教育	57.0	78.0
	政治経済	84.0	
	第一文学	85.0	
	理工	86.0	
中央	経済	89.0	87.0
	法学	85.0	
駒澤	文・法・仏・教・医療健康	100.0	
青山	文学	78.5	
東洋	文・国際地域・経営	94.0	
立教	文学	100.0	
一橋		73.0	
九州		80.3	
東京		99.5	
東北		82.4	
名古屋		84.8	
京都		55.5	
大阪		64.5	
東京工業		65.3	
北海道		80.8	
センター記述		86.0	

複数の入試単位（学部ごとに問題が異なる場合は学部が入試単位になる）のある大学（慶應，早稲田，中央）については，大学全体の平均値も示してある。

これを見てまず気づくことは，大多数の大学学部では，解答可能率がかなり高いということである。調査した大学，学部など24（センター試験を含む）の75％にあたる，18で解答可能率が70％を超えた。しかも，東京大学を含む，15大学・学部では80％を超えている。

ただ，語彙のカバー率ほどには一律にはなっていない。大学（あるいは入試単位）によるバラツキがある。解答可能率が最も高いのは立教大学，駒澤大学の100％，最も低いのが慶應大学理工学部の44.5％とかなりの差がある。

3-4　解答可能率の高い大学・学部

非常に解答可能率が高いのは表6より明らかなように，駒澤大学と立教大学の100％である。語彙のカバー率の方はそれぞれ97.7％，96.6％と非常に高いものの100％にはなっていない。それが解答可能率となると100％であるということは未知語の存在が解答に支障を来さないということである。

どうしてそうなるのか，立教大学を例にして解答過程を示してみる。次に示すのは立教大学文学部の大問1である。

次の文を読み，以下の設問A・Bに答えよ。解答は所定欄にしるせ。

A student once told me that neither she nor her brother ever cried. Well, she said, perhaps when we were very young, but neither could remember having cried in the last fifteen years.

They were therefore anxious about going to their grandmother's funeral, afraid that if they didn't cry there they would be seen as cold and uncaring. Although both had long felt awkward about their lack of tears, the woman had been criticized for it, had been called cold and heartless, while her brother had been congratulated for his self-control. Much to her relief, she managed to cry at the funeral after all, but continues to feel unfairly rejected by a culture that criticizes her for her lack of ready tears.

In every society, whatever the historical era, the meanings assigned to tears are always related to the age and sex of the crier. In a famous experiment by John and Sandra Condry, two groups (50 percent male and 50 percent female) were shown the same video of an infant bursting into tears at the sudden sound made by a toy. One group was told the baby in the video was a girl, the other that it was a boy. The vast majority of people (of both sexes) assumed that the "girl" baby was crying out of fear and that the "boy" baby was crying out of anger. Similar experiments have produced the same findings. The very same cry means one thing if the crier is female, another if the crier is male.

Sociologists, social psychologists, and *anthropologists have all studied such differences and noted that they vary depending on time and place. They also realized that tears seemed to be caused by **rituals. Rather than funerals and weddings being places where, because of the intense emotions involved, people were more likely to cry, the rituals actually seemed to produce the tears. Mary Edith Durham, an anthropologist who studied Montenegrin culture in the first part of the twentieth century, reported that men were the primary criers at a funeral and were expected to cry even if they didn't know the person who had died:

"The men mostly did not know the poor boy's name and had to be coached in the details before beginning to cry, but within a minute or two they were crying bitterly . Coming home, people exchanged opinions as to who had cried best." Martin Gusinde reported in 1931 that on ***Tierra del Fuego, the male Fireland Indians are "much more reserved about pouring out their feelings than is the female part of the population." Both men and women are expected to cry during funeral preparations and rituals, but at different specific times, and the women much more often. When the men do cry during the funeral , Gusinde reported, "a stream of tears sometimes rolls down their cheeks, and their hearts can become as soft as that of a sensitive girl."

Several things emerge in looking at such anthropological reports. One is that tears cannot be understood without taking into consideration the demands for emotional performance placed upon men and women: that is, the Montenegrin men cry at the death of an unknown villager not because they are particularly sensitive but because it is their social responsibility to do so. Another is that the researchers' cultural assumptions can and usually do restrict their understanding— Gusinde compares the men to sensitive girls, criticizes emotion in general, and contradicts his own characterization of the men as "reserved." This kind of researcher prejudice is individual as well as cultural, as the disagreements among anthropologists demonstrate. One anthropologist's observation, for instance, that Samoan men can cry because of fear while Samoan women do not, but that both men and women cry in anger, has been dispute d by other anthropologists. Such dispute s about the specific meanings of emotional display tend to arise whenever they are studied by more than one anthropologist.

Most anthropologists and sociologists agree, however, that in most if not all cultures, emotional "labor" is divided unequally between men and women. Sometimes this is very obvious, as in the case of the Tiv, an African tribe in which men do not take part in mourning except in rare cases. Tiv women are solely responsible for formal mourning, which is elaborate. Women write and sing funeral songs, for instance, an important form of cultural expression with its own rules, classics, and changing fashions. Tiv women, in other words, seem to be largely responsible for managing the emotions of the community surrounding death, though one could argue that men's self-control also helps guide the emotional life of the group. In a few cultures' funeral rituals, men take the lead role in emotional expression, and in others the tasks are divided, with men responsible for all of the physical arrangements and ritual acts, and women responsible for crying.

*anthropologists：人類学者　**rituals：儀式
***Tierra del Fuego：フエゴ島（南米南端の島）

A．次の問1〜7それぞれの答えとしてもっとも適当なものを，各イ〜ニから1つずつ選び，その記号をマークせよ。

1．Why was the student worried about going to her grandmother's funeral?
　イ．She did not know the funeral customs.
　ロ．She had to be absent from school because of the funeral.
　ハ．She thought that people would see her as unfeeling.
　ニ．She was not very close to her grandmother.

【解答へのプロセス】
　設問，および選択肢のなかで，funeral が黒塗り語である。設

問では,「その学生が祖母の○○に参列することを心配していた理由」が問われている。

イ〜ニのそれぞれの意味は,以下のとおりである。

イ．彼女は○○の習慣を知らなかった（から）。

ロ．彼女は○○のために学校を休まなければならなかった（から）。

ハ．人々が自分のことを冷たい人間だと見なすだろうと彼女は思っていた（から）。

ニ．彼女は祖母とあまり親しくなかった（から）。

本文中の第1段落に,They were therefore anxious about going to their grandmother's funeral, afraid that if they didn't cry there they would be seen as cold and uncaring.「だから彼らは,祖母の○○に参列することを心配していた。もしその場で泣かなければ,冷淡で,○○だと,見なされるのではないかと思っていた。」という記述が見られる。uncaring は黒塗り語だが,cold と uncaring は and で結ばれており,2つの語は相対する意味ではないと推測がつく。この記述は,ハ.「人々が自分のことを冷たい人間だと見なすだろうと彼女は思っていた（から）。」という箇所と合致すると考えられる。したがって,ハが正解である。funeral は黒塗り語であるが,「彼らが祖母の○○に参列することを心配しており,その理由が afraid that 以下で述べられていること」は明らかである。funeral の意味が分からなくても,正解を選ぶことができる。イ,ロ,ニの内容は本文には書かれていない。

【解答できるかどうか】

　　解答可能と判断できる。（○）

☰ 2．How did people react to the fact that the student and her

brother rarely cried?
イ．They encouraged both of them to cry as much as possible.
ロ．They thought both of them were strange.
ハ．They could not understand them.
ニ．They blamed her, but praised him.

【解答へのプロセス】

　設問，および選択肢の中には，黒塗り語はない。設問では，「その学生と兄がめったに泣かないという事実に対して，人々がどのように反応したか」ということが問われている。イ～ニのそれぞれの意味は，以下のとおりである。

　イ．彼らは2人にできるだけ泣くように促した。
　ロ．彼らは2人とも変な子だと思った。
　ハ．彼らは2人のことが理解できなかった。
　ニ．彼らは彼女を非難したが，彼のことは賞賛した。

　本文中の第1段落に，the woman had been criticized for it, had been called cold and heartless, while her brother had been congratulated for his self-control.「彼女がその（＝lack of tears）のために批判され，冷淡で○○と思われてきた一方で，彼女の兄は自制心があると○○されてきた。」と書かれている。heartless は黒塗り語だが，cold と heartless は and で結ばれており，2つの語は相対する意味ではないと推測がつく。また，congratulate も黒塗り語であるが，while の前後に cold と self-control があることから，while は「対比」を表していることがわかる。while が対比の意味であることが理解できれば，criticize とは対照的に congratulate がプラスイメージをもった動詞であることは，推測できる。正解は，ニである。イ，ロ，ハの内容は本文には書かれていない。

【解答できるかどうか】
　解答可能と判断できる。(○)

3. What did John and Sandra Condry find through their experiment?
　イ．People believed that boy and girl babies cried for different reasons.
　ロ．The women were sad, but the men became angry.
　ハ．Most of the people began to cry when they saw the video of a baby crying.
　ニ．Baby boys cried because they were angry.

【解答へのプロセス】
　設問，および選択肢のなかで，John，Sandra，Condry が黒塗り語であるが，固有名詞（人名）であることは明らかであるので，正解を得るための障害とはならない。設問では，「ジョン・コンドリーとサンドラ・コンドリーが実験を通して発見したこと」が問われている。イ〜ニのそれぞれの意味は，以下のとおりである。
　イ．男の子と女の子の赤ん坊は，異なる理由で泣くものだと人々は信じていた。
　ロ．女性は悲しんだが，男性は腹を立てた。
　ハ．赤ん坊が泣いているビデオを見ると，大半の人々は泣き出した。
　ニ．男の子の赤ん坊は，腹を立てたので泣いた。
　本文中の第2段落に，The vast majority of people (of both sexes) assumed that the "girl" baby was crying out of fear and that the "boy" baby was crying out of anger.「大多数の人々

（男性も女性も）は，『女の子の』赤ん坊は怖くて泣いているのであり，『男の子の』赤ん坊は怒って泣いていると決めてかかった。」と書かれている。本文のこの箇所に黒塗り語はない。本文のこの部分と合致するのは，イである。被験者の感情についての記述はないのでロ・ハは誤りである。また，ニは被験者の思い込みなので誤りである。

【解答できるかどうか】

　解答可能と判断できる。（○）

4．Were the findings of John and Sandra Condry unique?
　イ．No, most scientists already knew them.
　ロ．Yes, similar experiments produced different results.
　ハ．No, other experiments showed the same thing.
　ニ．Yes, only John and Sandra Condry came to such conclusions.

【解答へのプロセス】

　問題「3」と同じく，設問，および選択肢のなかで，John, Sandra, Condry が黒塗り語である。しかし，問題「3」同様，固有名詞（人名）であることは明らかであるので，正解を得るための障害とはならない。設問では，「ジョン・コンドリーとサンドラ・コンドリーの調査結果が他に類を見ないものであったのかどうか」が問われている。イ〜ニのそれぞれの意味は，以下のとおりである。

　イ．そうではなく，たいていの科学者はすでに知っていた。
　ロ．その通りで，同様の実験から異なる結果が出た。
　ハ．そうではなく，他の実験からも同じことが示されていた。
　ニ．その通りで，ジョン・コンドリーとサンドラ・コンドリー

だけがそうした結論に達した。

本文中の第2段落に，Similar experiments have produced the same findings.「類似の実験からも同じ結果が出ている。」という記述がある。本文のこの箇所に黒塗り語はない。本文のこの部分と合致するのは，ハである。イ，ロ，ニの内容は本文には書かれていない。

【解答できるかどうか】

解答可能と判断できる。（○）

5．What was surprising about the Montenegrin men?
　イ．They cried for people they did not even know.
　ロ．They cried even more when they did not know the dead person.
　ハ．They were forced to cry against their wishes.
　ニ．They only cried when they knew the dead person.

【解答へのプロセス】

設問，および選択肢のなかで，Montenegrin が黒塗り語であるが，固有名詞であることは容易に想像できるので，正解を得るための障害とはならない。設問では，「モンテネグロの男性に関する驚くべき点とは何か」が問われている。イ～ニのそれぞれの意味は，以下のとおりである。

　イ．彼らは知りもしない人々のことで泣いた。
　ロ．彼らは故人を知らない場合は，よりいっそう泣いた。
　ハ．彼らは意向に反して泣くことを強いられていた。
　ニ．彼らは故人を知っている場合にのみ泣いた。

本文中の第3段落に，men were the primary criers at a funeral and were expected to cry even if they didn't know the person who had died:「○○で泣くのは主に男性であり，男性は故人を知らない場合でも泣くことを期待されていた。」と書かれている。本文のこの部分と合致するのは，イである。本文のこの箇所で，funeral が黒塗り語であるが，設問イ～ニでは，「どこで泣くか」は問われていない。つまり，この問題の正解を得るために「泣く場所」を特定する必要はないので，funeral が黒塗り語であっても問題ない。ロ，ハ，ニの内容は本文に該当する記述はない。

【解答できるかどうか】

　　解答可能と判断できる。(○)

6．What did Martin Gusinde conclude about crying among Fireland Indians?
　イ．Men were reserved and never cried.
　ロ．When men cried, they were as emotional as a young woman.
　ハ．Men cried more often than women did.
　ニ．Women cried less than men, and so were more like men.

【解答へのプロセス】

　設問，および選択肢の中では，Martin，Gusinde，Fireland が黒塗り語であるが，これまでの問題同様，これらが固有名詞であることは明らかであるので，正解を得るための障害とはならない。設問では，「ファイアランド・インディアンにおける泣くという行為に関して，マルティン・グシンデがどう結論づけているのか」ということが問われている。イ～ニのそれぞれの意味は，以下のとおりである。

　　イ．男性は控えめで，決して泣かなかった。

ロ．男性が泣くときは，若い女性と同じくらい感情的になっていた。
ハ．男性は女性よりも泣くことが多かった。
ニ．女性は男性よりも泣くことが少なかったので，より男らしかった。

本文中の第3段落に，When the men do cry during the funeral , Gusinde reported, "a stream of tears sometimes rolls down their cheeks, and their hearts can become as soft as that of a sensitive girl.「○○の場で男性が本当に泣くときには，『流れ落ちる涙が時として彼らの頬を伝い，彼らの心は傷つきやすい少女の心と同じように弱くなってしまうこともあるのだ』とグシンデは報告している。」とある。本文のこの部分と合致するのは，ロである。本文のこの箇所で，funeral が黒塗り語であるが，問題「5」と同様に，設問イ〜ニでは，「どこで泣くか」は問われていないので，funeral が黒塗り語であっても問題ない。イは，上記に引用したように，「男性は○○のときに泣く」ので後半部分が誤りである。また，本文中の第3段落に but at different specific times, and the women much more often.「しかし，他のさまざまな特定の場合に関しては，女性の方がはるかによく泣くのである。」とあり，この箇所には黒塗り語はない。funeral は黒塗り語であるが，実際に葬式ということは分からなくても，「女性の方がよく泣く場合がある」ということが分かるので，ハ・ニも誤りと判断できる。

【解答できるかどうか】
　解答可能と判断できる。（○）

7．What is shown by the example of the Tiv tribe ?
　イ．Crying is a personal matter that varies from individual to

individual.
　ロ．Crying or not crying is a role assigned by society.
　ハ．Not crying is determined by wealth and social status.
　ニ．Crying is not determined by the roles assigned to men and women.

【解答へのプロセス】
　設問，および選択肢のなかで，Tiv，tribe が黒塗り語である。Tiv が黒塗り語であるが，固有名詞であることは明らかなので，正解を得るための障害とはならない。the Tiv tribe については，本文中の第5段落に，in the case of the Tiv, an African tribe という記述が見られ，また，Tiv women という表現が本文中に2回出てくる。以上から，tribe＝部族という意味は分からなくても，tribe がアフリカにおいて，何らかのグループを表す語であることは，推測できると考えられる。

　設問では，「ティヴ族の例からどんなことが分かるか」が問われている。イ〜ニのそれぞれの意味は，以下のとおりである。
　イ．泣くことは個人個人によって異なる個人的な問題である。
　ロ．泣くか泣かないかは，社会によって課せられる役割である。
　ハ．泣かないことは富と社会的地位によって決定される。
　ニ．泣くことは男女に課せられた役割によっては決定されない。
　本文中の第5段落に，in most if not all cultures, emotional "labor" is divided unequally between men and women.「すべてではないにせよほとんどの文化において，感情面での『仕事』は男女の間で○○に分割されている。」と書かれている。つまり，性別によって役割分担がされているということである。その明白な例として取り上げられているのがティヴ族である。(unequally は黒塗り語であるが，unequally が黒塗り語であっ

ても，この箇所の要旨をつかむことは容易である。）また，第5段落のティヴ族に関する本文の記述の中に，Tiv women, in other words, seem to be largely responsible for managing the emotions of the community surrounding death, ...「言い換えれば，ティヴ族の女性は，死に関する地域社会の感情を扱う責任の大半を任されているように思われる。」とある。本文の以上の内容から，ロが正解であることが分かる。イ，ハの内容は本文中になく，ニの内容は本文の内容と反対である。
【解答できるかどうか】
　解答可能と判断できる。（○）

B．文中の第1段落にある下線部 her lack of ready tears の意味を，15字以内の日本語で説明せよ。ただし，句読点は合計字数に含まれる。

【解答へのプロセス】
　下線部には黒塗り語はない。lack of ～ は「～の欠如，～がないこと」の意，ready は「即座の」という意味の形容詞である。したがって，下線部は，「彼女が即座に涙を見せないこと。(15字)」と解答できる。
【解答できるかどうか】
　解答可能と判断できる。（○）

　このように分析してみると，大問1については長文全体としては黒塗りがあるものの，解答には支障が無く，すべてに正解することが出来るという結果となった。
　立教大学については，同じように解いていって，他の大問についても100％正答出来るという結果になった。

なお，問題文・設問・設問中の選択肢の和文・解説の一部については，『大学入試シリーズ　立教大学文学部』(教学社)を参考にした。

3-5　解答可能率の低い大学・学部

解答可能率が100％の立教大学のケースを見てみたが，それでは，解答可能率57％となった早稲田大学教育学部を見てみよう。

次に示すのは大問1である。

【1】次の英文を読み，設問1～10に答えよ。

It has long been believed that long-distance walking played an important role in the evolution of mankind. Many of the features that distinguish the various species of Homo are useful for walking: long legs, narrow er waist s, shorter toes. Now Dennis M. Bramble, a biologist at the University of Utah, and Daniel E. Lieberman, an anthropologist at Harvard University, claim that running also played an important role in shaping our species.

(1) If you have ever chased a cat that is trying to avoid a bath, you have every right to conclude that, for our size, we humans are pretty poor runners. Chasing a cat, however, is sprinting. (2) Where we excel is endurance running. Moreover, we run long distances at fast speeds: many joggers do a mile in seven and a half minutes, and top male marathon runners can string five-minute miles together for more than two hours. A jogger could keep up with the trotting speed of a thousand-pound horse. Good endurance runners are rare among animals. Although humans share the ability with some other groups, such as wolves and dogs, hyenas, and horses, we alone among primates can run long

distances [A].

What evidence can support the idea that endurance running by itself gave early humans an evolutionary advantage? Many traits, after all, are useful for walking [B] running, such as long legs and the long stride they enable. Running and walking, however, are mechanically different. A walking person is aided by gravity, with his hip swinging over the planted foot. In contrast, a runner bounces along, aided by tendons and ligaments that act as springs, which (3) alternately store and release energy.

(4) Differences in the bodies of humans and chimpanzees highlight the human adaptations for long-distance running. There are fewer muscle connections between the head and the shoulders in the human than in the chimpanzee. The weaker connection enables the head to move independently of the shoulder, which rotates while running. Both the Achilles tendon of the heel and the tendon of the arch of the foot are much smaller in chimpanzees than they are in humans; in a running person they act like springs, absorbing and releasing energy.

Bramble and Lieberman's wide-ranging analysis makes important corrections to the scientific picture of early humans. Our ancestors may have ranged across large distances in the heat of the African savanna in relatively short spurts of long-distance running, [C] by walking. They [D] dead animals before other scavengers did, or perhaps they were adapted to running down prey before spear throwers or bows were invented. (5) Our current appetite for jogging is made possible by the early selective pressures that made humans one of the most accomplished endurance-running animals.

［注］　hyenas：ハイエナ　primates：霊長類
　　　　tendons：腱（Achilles tendon：アキレス腱）

ligaments:靭帯(じんたい)　scavengers:腐肉を食べる動物

1．下線部(1)の内容と合うように以下の文を完成させたい。最も適したものをa〜dから一つ選べ。

Chasing a cat that is trying to avoid a bath,
　　a. we can say that cats are much smaller but cleverer than we are.
　　b. we find that running along with it makes us exhausted but better looking.
　　c. we seldom catch up with it even though we are much bigger in size.
　　d. we might think that it runs fastest when we are following.

【解答へのプロセス】
　下線部(1)，設問，選択肢中に，黒塗り語はない。下線部(1)は，「もしあなたが風呂に入れられるのを嫌がる猫を追いかけたことがあるならば，われわれ人間は，図体のわりに走るのが遅いと結論づけるのは，大いにもっともなことである。」という意味である。a．〜d．のそれぞれの意味は，以下のとおりである。
　a．猫はわれわれよりずっと小さいが，われわれよりも賢いと言える。
　b．猫と並んで走ることは疲れるが，われわれの見栄えを良く見せることがわかる。
　c．われわれの方が図体はずっと大きいが，猫に追いつくことはめったにない。
　d．われわれが追いかけるとき，猫は最も早く走ると思うかもしれない。
　下線部(1)は「われわれ人間は，図体のわりに走るのが遅い」と

いうことを述べており，その内容と合致するのは，cであると分かる。

【解答できるかどうか】

解答可能と判断できる。（○）

2．下線部(2)の内容を表すのに最も適したものをa～dから一つ選べ。
 a. Our disadvantages in chasing cats
 b. Our primary duties as human beings
 c. Our superior characteristics
 d. The places where we can overtake cats

【解答へのプロセス】

下線部(2)の中の excel は，黒塗り語である。下線部(2) Where we excel の部分は「われわれが○○しているところ」という意味であることしか分からない。

a.～d.には，c.とd.に黒塗り語 superior，overtake がある。a.～d.のそれぞれの意味は，以下の通りである。

 a．猫を追いかけるときの，われわれの不利な点
 b．人類としてのわれわれの主要な義務
 c．われわれの○○な特性
 d．われわれが猫を○○する場所

(2)の前文までの箇所で，「人間の苦手なことが，スプリント（短距離走）である。」と述べられている。下線部(2)で「われわれが○○しているところは，耐久走である。」という指摘があり，その後，we run long distances at fast speeds: many joggers do a mile in seven and a half minutes, and top male marathon runners can string five-minute miles together for more than two hours. とあり,「われわれが長距離を早く走ることができることと,その例」が述べられている。これらの箇所には,excel 以外に黒塗り語はない。

たしかに excel は黒塗り語であるが,上記から,正解が a. と b. でないことは明らかに分かる。また,下線部(2)の「われわれが○○しているところ」とは,物理的な場所ではなく,われわれ人間の特徴や性質を述べているということも推測できる。したがって,d. が誤りであると判断することができ,正解 c. を選ぶことができると考えられる。

【解答できるかどうか】

解答可能と判断できる。(○)

3. 空所［　A　］に入れるのに最も適したものを a ～ e から一つ選べ。
a. at a loss　b. for nothing　c. in vain　d. under weight
e. with ease

【解答へのプロセス】

空所［　A　］を含む文の後半 we alone among primates can run long distances ［　A　］. には黒塗り語はない。設問の選択肢 c. に,黒塗り語 vain がある。空所［　A　］を含む文の後半は,「霊長類のなかではわれわれ人間だけが,［　A　］長距離を走ることができる。」という意味である。空所［　A　］には,内容から考えて選択肢の副詞句の中で,肯定的な意味になるものが入るはずである。それにあたるのは,e.「易々と」しかない。c. の vain は黒塗り語である。しかし,in vain の意味が分からなくても,e. の ease は黒塗り語ではないので,with ease が肯定的な意味になるということは,理解できると判断できる。

【解答できるかどうか】
　解答可能と判断できる。（○）

4．空所[　B　]と[　C　]には同じ語句が入る。最も適したものをa〜eから一つ選べ。
　　a. as long as　b. as well as　c. in spite of
　　d. rather than　e. regardless of

【解答へのプロセス】
　[　B　]を含む文の前半は，Many traits, after all, are useful for walking [　B　] running,「多くの形質は結局のところ歩くこと，走ること○○に役に立ち，」という意味であり，この箇所には黒塗り語はない。まず，[　B　]を考えてみると，[　B　]を含む文の次の文には，Running and walking, however, are mechanically different.「しかしながら，走ることと歩くことは○○に異なる。」とある。mechanically は黒塗り語であるが，mechanically の意味が分からなくても，この文のポイントは理解できる。however という逆接と different に注目し，[　B　]を含む文ではむしろ walking と running は同等の扱いを受けると考え，b. as well as を選んでみる。

　[　C　]にも当てはめてみると，[　C　]を含む文 Our ancestors may have ranged across large distances in the heat of the African savanna in relatively short spurts of long-distance running, [　C　] by walking. の意味は，「われわれの祖先は，アフリカのサバンナの暑さの中を，歩くことと並んで，長距離走の中では比較的短い○○をすることによって，広範囲に駆けめぐったのかもしれない。」となる。[　C　]を含む文章の中で，spurts は黒塗り語であり，「(レースでの) 全力疾走，スパート」

第3章　語彙編——85

の意味である。おそらく受験生は，spurtsという単語は知らないであろう。しかし，「スパート」というカタカナ語は，日本語として定着しているので，spurts＝スパートということに気づくかもしれない。もし，spurts＝スパートということに気づかなくても，spurtsの前後の部分は，in relatively short spurts of long-distance running「長距離走の中では比較的短い○○」となっている。spurtsが，「長距離走の中の一形態である」ということは分かるはずで，これが理解できれば，[C]を含む文の概要をつかむことができ，b. as well as が正解であると確認できる。b. 以外の選択肢にも黒塗り語はなく，問題ない。

【解答できるかどうか】

解答可能と判断できる。（○）

5．下線部(3)の内容を表すものとして最も適したものをa～dから一つ選べ。
　　a. at a distance　b. at the same time
　　c. by far　　　　d. in turn

【解答へのプロセス】

(3) alternately が黒塗り語であるので，正解を得るためには，推測するしかない。alternately を含む文は，In contrast, a runner bounces along, aided by tendons and ligaments that act as springs, which (3)alternately store and release energy.「それに対して腱や靭帯（じんたい）は○○にエネルギーを蓄え放出するバネの働きを果たしてくれるおかげで，人は○○する。」という意味である。alternately の意味に加え，この文の動詞 bounce の意味も不明である。alternately の直後には store「貯める」と release「放出する」がある。これら二つの語が対比される行

為であることに注目して，正解である d. in turn「かわるがわる」を選ぶ受験生もいるであろうが，すべての受験生がこのような推測が出来るとは言い難いと考えられる。
【解答できるかどうか】
　解答不可と判断できる。(×)

6．下線部(4)が言及している人体の特長に最も合致するものをa～dから一つ選べ。
　　a. a bigger Achilles tendon
　　b. a head that rotates while walking
　　c. a smaller arch of the foot
　　d. strong muscle connections between the head and the shoulder

【解答へのプロセス】
　下線部(4)を含む文，(4)Differences in the bodies of humans and chimpanzees highlight the human adaptations for long-distance running.「人間とチンパンジーの肉体的な差異が，人間が長距離走に○○していることを際立たせている。」には，黒塗り語 adaptations が含まれている。選択肢b.にも，黒塗り語 rotates がある。a.～d.のそれぞれの意味は，以下のとおりである。
　　a．より大きいアキレス腱
　　b．歩くときに○○する頭部
　　c．より小さい足の甲
　　d．頭部と肩との筋肉の強いつながり
　下線部(4)の文にある黒塗り語 adaptations が，プラスイメージ，マイナスイメージどちらの語かということは，人間とチンパンジーの身体的特徴を考えれば，常識で判断できるであろう。本文

の第4段落に，There are fewer muscle connections between the head and the shoulders in the human than in the chimpanzee. The weaker connection enables the head to move independently of the shoulder,...「チンパンジーよりも人間の方が頭と肩の間のつながりが少ない。この弱いつながりのために，(人間は)頭を…する肩と独立させて動かすことができる。」という記述もあり，この箇所は明らかに「人間とチンパンジーを比べた場合，人間の方が長距離走に向いている」ことを示している。したがって，adaptations はプラスイメージの語であることは容易に推測がつく。受験生は，「人間が，チンパンジーと比べて，身体的に長距離走に向いている点」を指摘すれば良いことになる。

正解はa.「より大きいアキレス腱」である。本文第4段落には，Both the Achilles tendon of the heel and the tendon of the arch of the foot are much smaller in chimpanzees than they are in humans; in a running person they act like springs,...「〇〇のアキレス腱や足の甲の腱は，チンパンジーの方が人間よりもはるかに小さい。人間が走るとき，それらの腱はバネのように働き，…」という記述がある。つまり，「チンパンジーよりもより大きい人間の〇〇のアキレス腱や足の甲の腱」が，人間が走るときにプラスに働くポイントの一つであることが分かる。黒塗り語である heel は「かかと」という意味である。「ハイヒール」等の言葉が，すでに日本語になっているので，heel =「かかと」と推測できるであろう。もし，それを推測できなくても，「アキレス腱と足の甲の腱は，チンパンジーの方が人間よりも小さい。」ということは分かっているので，これを人間の側から見れば「人間の方がアキレス腱が大きい。」ということは容易に理解でき，正解a.を選択することができる。

b.には黒塗り語 rotates が含まれているが，rotates の意味が

分からなくても，ここで論じられているのはもっぱら走ることなので，不適と分かる。c.はチンパンジーの特徴であるので不可。d.は，前述したとおり，第4段落に There are fewer muscle connections between the head and the shoulders in the human than in the chimpanzee.「チンパンジーよりも人間の方が頭と肩のつながりが少ない。」とあるので，d.の内容は本文とは反対のことを述べており，不正解であると分かる。

【解答できるかどうか】
　　解答可能と判断できる。(○)

7．空所［　D　］に，次の〔　　〕内の単語をすべてふさわしい順序に並べ替えて入れる場合，四番目にくる単語はどれか。a～dから一つ選べ。
〔been, chance, encountering, have, maximize, may, of, the, to, trying〕
　　a. chance　b. encountering　c. to　d. trying

【解答へのプロセス】
　　空所［　D　］を含む本文前半は，They［　D　］dead animals before other scavengers did, であり，「彼らは，他の腐肉を食べる動物より先に死んだ動物を［　D　］し，」という意味である。空所［　D　］を含む本文前半には黒塗り語はない。選択肢の中では，maximize だけが黒塗り語である。述語動詞から考えれば，助動詞の may があることから出発すると，may have been までは文法的に決まる。そのあとに来るのは現在分詞だが，encountering と trying と二つある。しかし，may have been encountering とすると次に何を続けて良いか思いつかない。それに対して，may have been trying とすると，to とそのあとに原

形の動詞が来ると見当がつく。maximize は黒塗り語であるが，残った選択肢のなかで動詞の原形になりうるのは maximize と chance だけであることは，推測できる。chance を選ぶと次に何を続けて良いか思いつかない。to maximize が来ると分かれば，その後は順列と組み合わせでも容易である。出来上がった形は，may have been trying to maximize the chance of encountering となる。4番目に来るのは d. trying である。
【解答できるかどうか】
　解答可能と判断できる。（○）

8．下線部(5)の内容を表すものとして最も適したものをa〜dから一つ選べ。
　a. Our desire for jogging nowadays
　b. Our preference for walking nowadays
　c. Our present advantage in running
　d. Our recent preparations for jogging

【解答へのプロセス】
　下線部(5)には黒塗り語はない。下線部(5)の中の appetite は「食欲」という意味で理解されていると考えられる。ここでは「ジョギングに対する食欲」というのは変であるので，ジョギングをやりたいということだとは，見当がつくだろう。
　a.〜d.のそれぞれの意味は，以下のとおりである。
　　a.○○のわれわれのジョギングをしたいという願望
　　b.○○のわれわれのウォーキング好き
　　c.現在のわれわれのランニングの有利さ
　　d.最近のわれわれのジョギングに対する備え
　a．b.中の nowadays は黒塗り語であるが，nowadays を無視

しても，a.が「われわれのジョギングをしたいという願望」ということを述べていることは明らかである。そのように考えると，(5) Our current appetite for jogging「われわれの現在のジョギングに対する欲望」に合致するのはa.であると判断できる。
【解答できるかどうか】
　解答可能と判断できる。（○）

9．本文の内容に合致するものをa〜dから一つ選べ。
　a. By examining the Achilles tendon of the chimpanzee, we can conclude that chimpanzees are also endurance runners.
　b. Humans overcame climate change not by endurance running but by walking long distance.
　c. Our long legs and long stride are more useful for endurance running than for walking.
　d. Wolves and dogs share the ability of endurance running with humans.

【解答へのプロセス】
　c.の stride，d.の Wolves が黒塗り語である。a.〜d.のそれぞれの意味は，以下のとおりである。
　a. チンパンジーのアキレス腱を調べると，チンパンジーもまた耐久走に適していると結論づけることができる。
　b. 人間は気候の変化を耐久走によってではなく，長距離歩行によって克服した。
　c. われわれの長い足と長い○○は歩行よりも耐久走に役に立つ。
　d. ○○や犬は，耐久走の能力を人間と同じく持っている。
　a.「チンパンジーのアキレス腱を調べると，チンパンジーも

また耐久走に適していると結論づけることができる。」は，本文中の第2段落 we alone among primates can run long distances [A].「霊長類では長距離を易々と走って見せるのは人間だけである。」という箇所に矛盾する。(なお，[A]の解答として with ease を選ぶことができることは,「問題3」の箇所で既述したとおりである。)

b.「人間は気候の変化を耐久走によってではなく，長距離歩行によって克服した。」人間が気候の変化を克服したことをはっきり述べている箇所は本文中にないので，正解ではないことが分かる。

c.「われわれの長い足と長い○○は歩行よりも耐久走に役に立つ。」は，本文中の第3段落 Many traits, after all, are useful for walking [B] running, such as long legs and the long stride they enable.「長い足とかそれによって可能となる長い○○のように，多くの形質は結局のところ歩くことと走ること双方にとって役に立つ。」という箇所に矛盾する。(なお，[B]の解答として as well as を選ぶことができることは,「問題4」の箇所で前述したとおりである。) stride は黒塗り語であるが，legs の意味が分かることを考えれば，選択肢c.の意味，および選択肢c.を解答する際に理解しなければならない箇所の大意をつかむことは，十分可能であると考えられる。

d.「○○や犬は，耐久走の能力を人間と同じく持っている。」本文中の第2段落 Good endurance runners are rare among animals. Although humans share the ability with some other groups, such as wolves and dogs, hyenas, and horses,...「耐久走が得意な動物はまれである。確かに人間と同じく耐久走が出来るものは○○とか犬とかハイエナ，あるいは馬とか他のグループにはいるのだが…」の箇所に合致している。d.が正解である。

wolves は黒塗り語であるが，such as が使われていることから，wolves がある動物の種類を表している語であることは，容易に推測できる。
【解答できるかどうか】
　解答可能と判断できる。（○）

10. この文章のタイトルとして最も適したものをa〜dから一つ選べ。
　　a. Humans are Natural Walkers
　　b. Humans are Born to Run
　　c. The Fastest Runner among Animals
　　d. The Origin of Mankind and Other Animals

【解答へのプロセス】
　a.〜d.の中に黒塗り語はない。a.〜d.のそれぞれの意味は，以下のとおりである。
　　a．人類は生まれながらの歩行者である
　　b．人類は走るように生まれついている
　　c．動物の中で最も速いもの
　　d．人類と他の動物の起源
　この本文全体にタイトルをつけるとして，本文だけに注目するとき，やはり「人間にとって走ることの果たした役割の大きさ」ということである。本文には黒塗り語が29語含まれているが，この29語の意味が分からなくても，この本文のメインテーマ，「人間にとって走ることの果たした役割の大きさ」を理解することは可能であると考えられる。
　　a.「人類は生まれながらの歩行者である。」は本文のメインテーマに矛盾する。b.「人類は走るように生まれついている。」

は本文のメインテーマに合致しているので、正解である。c.「動物の中で最も速いもの」、これは人間を指していると考えられるが、本文中では、人類が最速のランナーであるとは断言されていないし、短距離は弱いという記述もある（第2段落、下線部(1) <u>If you have ever chased a cat that is trying to avoid a bath, you have every right to conclude that, for our size, we humans are pretty poor runners</u>.「もしあなたが風呂に入れられるのを嫌がる猫を追いかけたことがあるならば、われわれ人間は、図体のわりに走るのが遅いと結論づけるのは、大いにもっともなことである。」）ので不適である。d.「人類と他の動物の起源」は、本文のメインテーマ、「人間にとって走ることの果たした役割の大きさ」とかけ離れているので、不適切である。

【解答できるかどうか】

解答可能と判断できる。（○）

なお、問題文・設問・設問中の選択肢の和訳・解説の一部については、『2009―駿台　大学入試完全対策シリーズ　早稲田大学教育学部―文系』（駿台文庫）を参考にした。

以上、黒塗り語に注意を払いながら、早稲田・教育・2007年度の【1】の問題を解いてみた。その結果、10題のなかで、解答可能な問題が9題、解答不可能な問題が1題である。

これを表7のような配点を想定して当てはめてみると、この大問【1】の得点は、25点中23点となり、解答可能率は92％と高い値になる。しかし、この年の早稲田大学・教育学部は長文読解問題が4題あり、そのすべてについて、【1】と同様に解答可能かどうかを調べると57％という低い値になった。ここでは、紙面の都合上【2】以下を割愛したことをお断りしておきたい。

表7　配点表

大問番号	設問番号	問題形式	解答可能率	配点	得点
1	1	文完成・選択	1.0	3	3
	2	下線部の意味・選択	1.0	2	2
	3	空所補充・選択	1.0	2	2
	4	空所補充・選択	1.0	2	2
	5	下線部の意味・選択	0.0	2	0
	6	下線部の意味・選択	1.0	2	2
	7	語の整序・選択	1.0	3	3
	8	下線部の意味・選択	1.0	3	3
	9	内容把握・選択	1.0	3	3
	10	タイトル決め・選択	1.0	3	3
			計	25	23

3-6　調査上の問題点

　以上のような結果になったが，今回の調査では，現実との誤差が起こりうるいくつかの点があり，それを頭に入れて結果を受け止めなければいけないだろう。

　既に述べたように，教科書語彙には厳密な分類がなされていない。したがって，品詞の違いなどに多少の誤差が出ている可能性がある。

　また，中学語彙は，7社の異なり語の総数をデータベースに加えているが，1社の教科書に載っている異なり語はそれより少なくなるはずである。また，平成9年～12年版の教科書を用いて語彙をわりだしているが，大学入試問題は平成19年度のものである。ここにも多少の誤差があり得る。

4 結論

　以上のようなプロセスで教科書の語彙と，入試の語彙，そして問題の解答可能性について調べて来た。結果は次のようにまとめられる。

① 教科書のカバー率は概ね95％以上で非常に高いと言える。
② 調査した大学，学部など24（センター試験を含む）の75％にあたる18で，解答可能率が70％を超えた。しかも，東京大学を含む，15大学・学部では80％を超えている。

　この結果から言えることは，教科書の語彙のみでもかなり多くの大学・学部で，合格点を取ることが可能であるということである。どの大学・学部でも，満点を取らなければ合格しないということは，ありえない。70点を取れば先ず合格点と考えてもよいだろう。そう考えてみると調査した大学・学部の4つに3つは教科書語彙のみで合格点をとれることになる。

　解答可能率が50％内外の大学・学部（例：慶應理工，早稲田教育，京都など）が存在する。こうした大学・学部を受験する場合は教科書以外の補強が必要だろう。しかし，その場合も，まず教科書で50％を確保してからの話である。

　この結論は，本書で想定した教科書の組み合わせ，配点などに基づいての話である。教科書の組み合わせ，配点は，他にも考えられるので，カバー率，解答可能率の上下が考えられることは頭に入れておくべきだろう。

【参考文献】
教学社『大学入試シリーズ　立教大学文学部』（2008年）
駿台文庫『2009―駿台　大学入試完全対策シリーズ　早稲田大学教育学部―文系』（2008年）

4 分量編
——読解・英作文・リスニング

1 はじめに

　大学入試についてはこれまでも様々な分析がなされ，多くの書籍が出版されているが，ここでは，今までにない少し違った角度から入試問題を見てみたいと思う。

　この章で取り上げたことは次の2点である。1つは，入試問題を量的な観点から分析すること。具体的には，英文の総語数，解答時間，そしてそれをもとに計算された英文読解スピードや，英作文の量，リスニングの読み上げスピード等を調べることである。2点目は，その結果を受けて，大学入試に備えて高等学校では何をしなければならないのか，あるいは何ができるのかを考えることである。

　以下，上記2点について，英文読解，英作文，リスニングを対象に見てみよう。

2 読解指導上の問題点：分量とスピード

2-1 分量の問題

『現代英語教育』1996年5月号の「英語教育なんでも探偵団②」では，中高の教科書を使って分量の調査を行っている。その結果，中学校の教科書 *New Horizon*（東京書籍）の場合，3年間で出てくる総語数は6,756語であった。高校では英語Ⅰと英語Ⅱで *Unicorn*（文英堂）の場合，総語数は22,137語になった。この中高5冊分の教科書の分量を Sidney Sheldon の *Master of the Game* のペーパーバックで換算したところ81ページに相当したという結果が出ている。

さらに，中学3年間の分量について，週4時間で，1時間あたり半分くらいを教科書本文の読解に当てたと仮定すると，読解に費やす時間は3年間で10,500分になる。6,756語をこの時間で割ると，1分間に読む量は0.64語（0.64wpm（words per minute））になる。つまり，1分間に1語の割合にもなっていないのである。これは，English という単語を読むのに1分間で Engl 位までしか読めない計算になる。これは驚くべきスローペースである。

現在の高校の「英語Ⅰ」と「英語Ⅱ」の教科書では，どれくらいの語数の英文を生徒に与えているのだろうか。大修館書店の教科書 *Genius* で調べてみた。*Genius I* の語数は8,015語，*Genius II* の語数は10,779語。2冊分を合計すると，18,794語になった。現行の学習指導要領によれば英語Ⅰの標準単位数は3単位だから，年間105時間（5,250分）あると考えられる。

仮に上の調査と同様，授業の半分を読解に割いたとしよう。8,015語を2,625分で扱うことになるので，1分間に読む量は3.05語（3.05wpm）になる。また，英語Ⅱについては標準単位数が4単位だから，年間140時間（7,000分）。英語Ⅰと同様の計算をすると，10,779語を3,500分で扱うので3.08wpm となる。つまり，1分間に約3語の割合だ。「英語教育なんでも探偵団②」と比べ

てみても、スローペースであることに変わりはない。この状況は、どの教科書を使用しても大差ないだろう。

仮に、生徒に求める読解スピードを100wpmと目標を定めて指導すると、先ほどのwpmの値から換算すると現在の33倍のスピード、もしくは33倍の量を授業の中で与えなくてはならないことになる。これはそう簡単に与えられる量ではないが、少しでも多く英語に触れる時間を確保すべく努力が必要だ。

2-2 求められる読解スピード

ベネッセコーポレーションの調査（「2007年度 第2回都立英語指導研究会」～入試要求学力に向けて求められる英語指導～2007年6月）によれば、センター試験の英文の総語数は年を追うごとに増えている。総語数は増えても解答時間の80分は変わらない。その結果、より速く読むことが求められることになる。ベネッセコーポレーションの調査結果は資料1の通りである。

この数値は、問題の種類に関係なく一律一問あたり1分かけて解答するという条件を付けて計算している。さらに、長文は2回読むことを前提にしている。

2007年の問題では問いが全部で53問あったので解答に53分かかる。80分から53分を差し引いた27分間で2,520語を2回、つまり5,040語を読むという考え方になる。その結果必要とされた英文読解スピードは186.7wpmという猛スピードになっている。ただし、実際には120wpmがひとつの目安となるようだ。この数字は、同社が実施しているGTECスコアとの比較から、余裕を持ってセンター試験を解ききるための読解スピードとして示されたものである。いずれにせよ、大学入試ではかなりの読解スピードが求められる。

資料1

●センター試験で求められる英文読解スピード●
センター試験の英文を「速く正確に読む」ための目安

$$\frac{2520語}{(80分-53分)\div 2回}=186.7\text{wpm}$$
（wpm＝words per minute）

1問1分ペースで回答した場合，186.7wpmとなった。昨年度の143.6wpmからより一層早いペースでの読解が要求される結果となった。

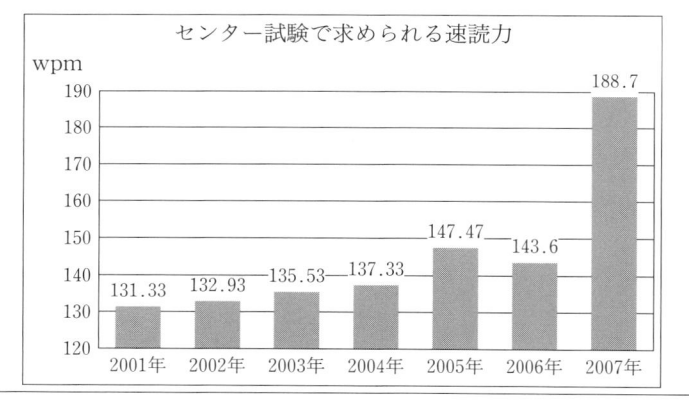

センター試験で求められる速読力

年	wpm
2001年	131.33
2002年	132.93
2003年	135.53
2004年	137.33
2005年	147.47
2006年	143.6
2007年	188.7

　しかし，現実は計算どおりとは限らない。実際には問題によっては1分かからないで解答できるものもあるだろう。また，逆に1分以上かけて取り組まなくてはならない問題もあるだろう。英文を読む回数も個人差がある。1回だけで内容理解ができる人もいれば，2回も3回も読まなくてはならない人もいる。読み方も様々だろう。1回目はじっくり読んでも，2回目はスキャニングをする人もいるかもしれない。最初に問題を見てから，いきなりスキャニングをする人もいるかもしれない。

　このように，正解を導き出すための方法は人によって様々だが，

統一基準のもとに比較研究することは客観性を保つ上で非常に重要なことである。その意味で、この調査は非常に興味深い。

以下、読解指導上問題となる「分量」と「スピード」について、大学入試問題の現状を分析したいと思う。

3 大学入試問題を分析する

3-1 国立大学・私立大学の問題はどうなっているか

ベネッセコーポレーションの計算方法を参考に、全国の主な国立大学二次試験と私立大学の入試問題について、求められる英文読解スピードを調査した。今回対象とした大学および学部は次のとおりである。いずれの大学・学部についても、2003年から2007年まで5年分の問題について分析を行った。

[センター入試]
[国立大学] 北海道大学、東北大学、東京大学、東京工業大学、一橋大学、名古屋大学、京都大学、大阪大学、九州大学 （9大学）
[私立大学] 早稲田大学（政経学部・教育学部・文学部・理工学部）
慶應大学（文学部・理工学部・経済学部・法学部）
明治大学（政経学部・法学部）
青山学院大学（文学部）
立教大学（文学部）
中央大学（経済学部・法学部）
法政大学（文学部・法学部）
東洋大学（文他）

　　　　　駒澤大学（文他）（9大学18学部）

　なお，センター入試のような客観問題とは異なり，国立大学や私立大学の入試問題には英作文や和訳問題など記述式問題がいくつか含まれていることや，同じ分類の問題であっても，その問題の難易度や長さが異なっていることに注意をしなければならない。たとえば，一口に「英作文」と言っても，簡単な和文英訳から，課題英作文に至るまでその内容が多岐に渡っている。

　京都大学と中央大学・経済学部の英作文の問題を比べてみよう。

　2007年の京都大学の問題は，200語程度の日本語を2題英訳するのだが，2007年の中央大学・経済学部の問題は，35語の日本語を英訳する問題1問である。

　誰が考えても，この2つを同じ時間で書き上げられるとは考えられない。しかし，だからと言って京都大学の問題には何分，中央大学の問題には何分と適切な時間を割り当てることができるだろうか？　根拠となるような指針は残念ながらない。

3-2　基準を設定する

　今回は問題の難易度や設問の長さは考慮に入れず，問題を大まかに分類し，とにかく一定の基準の下で計算してみることにした。基準は次のとおりである。

① 　文字数を数える対象となるのは，「長文（短文）」「会話文」とし，語法問題などはカウントしない。英文による設問もカウントしない。
② 　設問を解く時間は長さや難易度にかかわらず次の基準により計算する。

和訳（1問5分），英訳（1問10分），語法問題（誤り発見・訂正，整序問題等）（1問1分），「日本語で説明せよ」（1問2分），「正しいものを2つ選べ」の場合には2問と換算（2点）

表1 中央・経済（2007）

大問	問題種	語数(語)	問　数		1問あたりの概所要時間(分)	所要時間(分)
1	短文	84		5	1	5
2	語法			5	1	5
3	語法			5	1	5
4	語法			5	1	5
5	整序問題			5	1	5
6	会話	415		5	1	5
7	長文	588	マーク	5	1	5
			和訳	1	5	5
8	長文	378	マーク	5	1	5
			和訳	1	5	5
9	英作文			1	10	10
語数計(語)		1465		43		60
試験時間(分)						90
英文読解に割ける時間(分)						30
	語数×2	2930				
	wpm	97.7				

それでは，2007年の中央大学・経済学部の問題を例に説明しよう（表1）。入試問題は大問が全部で9問あり，その中で文字数のカウント対象となったのが，第1問短文，第6問会話文と，第7問・第8問の長文問題である。長文問題ではマークで答えるものと，和訳をする問題があり，それぞれ先の基準どおり計算する。その結果，問題を解くのにかかる時間が60分と計算された。試験時間は90分間なので，ここから60分を引くと，英文を読むのに割くことが出来るのは残りの30分間である。英文の語数は1,465語であったが，ベネッセの試算同様2回読むことを前提とするので，総語数は倍の2,930語と考える。30分間で2,930語読んだ場合に必要な英文読解スピードは97.7wpmとなった。

　仮に読みの回数を1.5回（1回精読後スキャニングした場合など），あるいは1回だけとすると，求められる速読スピードはそれぞれ73.3wpm，48.4wpmとなる。また，第9問の英作文は，先に紹介したとおりだが，これも10分かからず5分で出来るとすれば，その5分を余計に読みに時間を割くことができる。その場合は2回読んでも83.7wpmと若干ゆっくり読める。

　当然のことながら，限られた時間の中では，時間のやりくりで読解に使える時間は変わってくる。受験生にとって時間配分がうまくいくかどうかはまさに合否を分けると言っても過言ではない。これらのデータを活用して，受験しようと考えている大学の解答パターンをシミュレーションしてみることはかなり有意義ではないかと考える。

　以下では，このような観点と基準から入試問題を分析してみたい。先にも述べたとおり，このデータ処理については"難易度"については全く考慮されていない。あくまでも"分量"という点からデータを見ていることを念頭においてご覧いただきたい。データはいずれも2007年のものである。

3-3　やはり王者は東大

　2007年の国立大学の入試問題について，表2は語数の多い順，表3はwpm値の高い順に並べたものである。まず語数について見てみよう。

表2　語数の多い順

大学	時間(分)	語数(語)	wpm
東京	120(90)	2,358	277.4
北海道	90	2,085	99.3
東北	100	1,792	112.0
九州	120	1,378	83.5
東京工業	90	1,241	95.5
名古屋	90	1,112	-85.5
京都	120	1,057	30.2
一橋	120(110)	995	26.2
大阪	105	830	33.2

　東京大学は総語数2,358語で他の国立大学を圧倒している。先の基準で示したとおり，今回語数カウントの対象としたのは「長文（短文）」「会話文」のみであり，語法問題や英文による設問はカウントしていない。ところが，東大の第1問(B)には「前の文章の末尾には，次の四段落が入る。その最も適切な順番をア～エから選び，その記号を記せ。」という問題があり，設問の中に4段落分の英文が262語分ある。これを加えるとさらに語数は増える。1つの問題の英文量も多く，第5問の長文は1つだけですでに

表3 wpm の高い順

大学	時間(分)	語数(語)	wpm
東京	120(90)	2,358	277.4
東北	100	1,792	112.0
北海道	90	2,085	99.3
東京工業	90	1,241	95.5
九州	120	1,378	83.5
大阪	105	830	33.2
京都	120	1,057	30.2
一橋	120(110)	995	26.2
名古屋	90	1,112	-85.5

※（　）内はリスニングを除いた時間
※東大は120分だがリスニング30分を除いて計算
※一橋大学は120分だがリスニングは10分と想定して計算

1,233語もある。これは後述する私立大学の問題と比較しても，慶應大学の経済学部に次ぐ量である。

　東大の問題は，100字要約をはじめ，英語で要約する問題や，自由英作文，和訳など問題量も豊富なので，基準どおりに計算すると問題を解くだけで73分必要になる。試験時間は90分（リスニング30分は除く）なので，残り17分間で総語数4,716語（2,358語×2回）読むことになる。ここから求められる読解スピードは277.4wpmという高い数値になる。いくら東大を目指す受験生とは言え，この数字は想像を絶する。（表4参照）

表4　東京　2007

大問	問題種	語数(語)	小問	問数	1問あたりの概所要時間(分)	所要時間(分)
1	要旨要約	281	要約	1	10	10
		508	選択問題	7	1	7
2	要旨要約		英語で要約	1	10	10
			自由英作文	1	10	10
3	リスニング					0
4	正誤	132		5	1	5
		204	和訳	3	5	15
5	長文総合	1233	選択問題	9	1	9
			和訳	1	5	5
			日本語説明	1	2	2
語数計(語)		2358				73
試験時間(分)						90
英文読解に割ける時間(分)						17
	語数×2	4716				
	wpm	277.4				

3-4　名古屋大学の場合

　表3の中で，名古屋大学（表5）のwpmだけがマイナスになっている。これは今回の基準に従って時間を割り振った場合，長文を読む時間がなくなってしまうことを意味している。明らかに今回の基準に合わなかったことになる。たとえば，3・4番の英訳だが，10題もあるので1題10分という時間配分から，これだけで100分使ってしまう計算になってしまうからだ。ところが，この計算は現実的ではない。問題を一部見ていただきたい。

● 名古屋大学　2007

　次の記事は，雑誌記者Aと映画女優Bの架空のインタビューです。文脈に即して，下線部(1)〜(5)を英語に訳しなさい。

A　どうして女優になろうと決めたのですか？
B　そうですね。10代のとき，ヘップバーンの『ローマの休日』という映画をみて，とても影響をうけました。(1)それがきっかけで将来のことを考えはじめました。ご存知のように，あの映画はロマンティック・コメディですが，それをみて，私も，女優を一生の仕事にできたらいいなと思うようになりました。

　明らかに1題につき10分は必要としない問題である。英作は1問4分，和訳は1問3分，と若干短く設定すれば，英文を読むのに17分確保ででき，130.8wpmという数字が出てくる。

　しかしながら，他年度の状況を見ると，2005年には524.3wpmという数字も出ている（122ページ表15参照）。いずれにせよ，90分という時間の割には問題の量が多いことがわかる。

表5　名古屋　2007

大問	問題種	語数(語)	小問	問数	1問あたりの概所要時間(分)	所要時間(分)
1	長文総合	566	和訳	2	5	10
			日本語説明	2	2	4
			文中抜粋	1	1	1
			適語補充	5	1	5
2	長文総合	546	並べかえ	2	1	2
			日本語説明	3	2	6
			適語補充	1	1	1
			和訳	2	5	10
			日問英答	2	1	2
3	英訳			5	10	50
4	英訳			5	10	50
語数計(語)		1112				141
試験時間(分)						90
英文読解に割ける時間(分)						-51
	語数×2	2224				
	wpm	-43.6				

3-5　侮れない京都大学

　今回の基準に基づいて計算した場合，京都大学については120分という受験時間の中で，わずか1,057語を読めばいいことになり，英文読解スピードもわずか30.2wpm となる。この傾向は過去5年間を通しても同様である（表15参照）。しかし，その問題内容は日本語訳が全部で6題，英作文が2題である。いずれも，今回の基準とした和訳5分，英訳10分ではとても終えることが出来そうもない難易度と量である。京都大学は，残念ながら，難易度を考慮しない今回のデータ分析方法が当てはまらない大学の一つであったようだ。（表6）

表6　京都　2007

大問	問題種	語数(語)	問数	1問あたりの概所要時間(分)	所要時間(分)
1	長文(和訳)	551	3	5	15
2	長文(和訳)	506	3	5	15
3	英作文		2	10	20
語数計(語)		1057			50
試験時間(分)					120
英文読解に割ける時間(分)					70
	語数×2	2114			
	wpm	30.2			

3-6 私立大学の特徴

2007年の私立大学の入試問題の総語数とwpmについては表7・8に示したとおりである。私立大学の場合には，基本的にマークシートを使った選択問題がほとんどであるが，中には英作文など若干の記述問題を加えている大学もある。

表7　語数の多い順

大学・学部	時間(分)	語数(語)	wpm
慶應・経済	100	3,142	120.8
早稲田・文	90	2,646	126.0
早稲田・教育	90	2,437	116.0
慶應・法	80	2,409	401.5
明治・法	90	2,290	99.6
早稲田・理工	90	2,240	112.0
早稲田・政経	90	2,181	87.3
立教・文	75	1,610	100.6
法政・法	90	1,488	58.4
中央・経済	90	1,465	97.7
明治・政経	60	1,376	161.9
東洋・文他	60	1,362	136.2
慶應・理工	90	1,312	61.0
中央・法	100	1,233	123.3

大学・学部	時間(分)	語数(語)	wpm
法政・文	60	1,191	70.1
青学・文	80	1,124	74.9
慶應・文	120	819	18.8
駒澤・文他	60	468	93.6

表8　wpm の高い順

大学・学部	時間(分)	語数(語)	wpm
慶應・法	80	2,409	401.5
明治・政経	60	1,376	161.9
東洋・文他	60	1,362	136.2
早稲田・文	90	2,646	126.0
中央・法	100	1,233	123.3
慶應・経済	100	3,142	120.8
早稲田・教育	90	2,437	116.0
早稲田・理工	90	2,240	112.0
立教・文	75	1,610	100.6
明治・法	90	2,290	99.6
中央・経済	90	1,465	97.7
駒澤・文他	60	468	93.6
早稲田・政経	90	2,181	87.3
青学・文	80	1,124	74.9
法政・文	60	1,191	70.1

慶應・理工	90	1,312	61.0
法政・法	90	1,488	58.4
慶應・文	120	819	18.8

3-7 早慶はやっぱり手強い

　早慶や MARCH クラスの大学は総語数も多く，マーク式の入試問題でも，英問英答方式を取り入れているところが多い。いくつか特徴的な大学・学部の問題を見てみたい。

表9　慶應・法　2007

大問	問題種	語数(語)	問数	1問あたりの概所要時間(分)	所要時間(分)
1	語法		10	1	10
2	会話	379	15	1	15
3	長文総合	446	16	1	16
4	会話	497	9	1	9
5	長文	1087	18	1	18
語数計(語)		2409	68		68
試験時間(分)					80
英文読解に割ける時間(分)					12
	語数×2	4818			
	wpm	401.5			

まず目を見張るのが慶應大学・法学部だろう（表9）。計算上401.5wpmというとてつもない数字がはじき出された。すべてが選択問題とは言え，80分という時間の中で68題もの問題を解かなくてはならないことによる結果である。センター入試が同じ80分で53題であることを考えると，センター入試よりも15題も多い。驚くのはまだ早い。そもそもの語数が2,409語とかなり多いのだが，加えてすべて英問英答なのである。設問文および選択肢の単語を含めた総語数は3,906語にもなる。

慶應大学・経済学部（表10）の英文量は今回対象とした全大学の中で最も多い3,142語である。マーク＋記述式の出題形式だが，大学側で時間配分を指示している点が興味深い。Ⅰ：35分，Ⅱ：40分，Ⅲ：25分を参考時間として示している。この時間配分に今回の基準による数字を当てはめてみよう。Ⅰについては選択問題が29題あるので，仮に1問解くのに1分かけたとすると，英文1,651語を残りの6分で1回だけ読んでもその読解スピードは275.2wpmとなる。さらに，英問英答のため問題まで入れると総語数は実に2,035語にもなる。それに対して，Ⅱは40分の配当である。選択問題が9題なので，1問1分の計算だと残り31分で1,491語を読めばいいことになる。ただ，Ⅰと同じように英問英答なので，問題まで含めるとその量は偶然にもⅠと全く同じ2,035語となった。大学側がわざわざ40分割いているということは，内容的にかなりボリュームがあるものと思われる。慶應の経済は，英文そのものの語数でも，他大学学部を圧倒する3,142語であるが，これに設問文の英文まで含めると総語数は実に4,070語にもなる。さらに極めつけは，Ⅲの英作文である。単なる和文英訳ではない。制限時間25分を目処に，自分の考えをまとめなくてはならない。まさに怒濤の100分間である。

表10 慶應・経済 2007

大問	問題種	語数（語）	問数	1問あたりの概所要時間(分)	所要時間(分)
1	長文総合	1651	29	1	29
2	長文総合	1491	9	1	9
3	英作文		1	10	10
語数計（語）		3142	39		48
試験時間(分)					100
英文読解に割ける時間(分)					52
	語数×2	6284			
	wpm	120.8			

　比較的京都大学のような傾向にあるのが，慶應大学・文学部（表11）の問題である。慶應大学の他学部とはだいぶ様子が違う。大問はわずか1題。内容は和訳が3問，日本語による説明が2問，英訳が1問，そして選択問題が4問の計9問である。今回定めた基準に従えば，120分のうち33分で問題を解き終わり，残りの87分で819語の英文をゆっくり読むことが出来る計算になる。

　実際の問題用紙を見てみると，表紙を含めてもわずか6ページ。英文は2ページ半にわたるが，設問は1ページに収まってしまう。見た目の簡潔さとは裏腹に，とても一筋縄ではいきそうにない。また，ユニークな特徴は，英語辞書を2冊まで使用できる点である。果たして辞書を使うだけの時間があるのかどうか？

表11　慶應・文　2007

大問	問題種	語数(語)	問数		1問あたりの概所要時間(分)	所要時間(分)
1	長文総合		和訳	3	5	15
			選択他	4	1	4
			日本語説明	2	2	4
			英訳	1	10	10
語数計(語)		819				33
試験時間(分)						120
英文読解に割ける時間(分)						87
	語数×2	1638				
	wpm	18.8				

　早稲田大学を見てみよう。早稲田大学も，問題量，英問英答といった出題形式では，慶應大学と似たような傾向にある。

　早稲田大学・政経学部（表12）は，英文そのものの語数は2,182語であり，読むスピードも87.3wpmとゆっくり目に感じられる。しかし，設問が英問英答なので，設問まで加えて語数を計算し直すとその数は一気に3,449語にもふくらむ。英語の設問だけで1,267語もあるのである。解答に使う40分を除く残りの50分で英文と設問を2回ずつ読むとすると，読みのスピードは138wpmへと上昇する。

表12 早稲田・政経　2007

大問	問題種	語数(語)	問数		1問あたりの概略所要時間(分)	所要時間(分)
1	長文総合	552		12	1	12
2	長文総合	593		8	1	8
3	長文総合	915		12	1	12
4	適語補充	122	1	3	1	3
			2	1	5	5
語数計(語)		2182				40
試験時間(分)						90
英文読解に割ける時間(分)						50
	語数×2	4364				
	wpm	87.3				

　早稲田大学・文学部（表13）も英問英答のマーク式である。
　英文自体は2,646語であるが問題文の英文も加えると3,527語となり，問題を解くのに使った残り42分間で2回読むと168wpmとかなりのスピードが求められる。

　早稲田大学の基幹理工学部（表14）は，総語数2,240語にのぼる。大問が5題あり，いずれも200語から600語程度の英文を数多く読まなければならない。しかも，英問英答形式の出題で，設問の英文だけでも1,926語になる。この語数は，MARCHクラスの大学の英文問題の総語数に匹敵，もしくはそれを超える量である。

表13　早稲田・文　2007

大問	問題種	語数(語)	問		1問あたりの概ね所要時間(分)	所要時間(分)
1	長文総合	315	A	7	1	7
		319	B	7	1	7
2	長文総合	177	A	2	1	2
		333	B	3	1	3
		547	C	5	1	5
3	長文総合	563		7	1	7
4	会話	192		7	1	7
5	短文(要約)	200		1	10	10
語数計(語)		2646		39		48
試験時間(分)						90
英文読解に割ける時間(分)						42
	語数×2	5292				
	wpm	126.0				

問題用紙上に現れる総語数は4,166語にものぼり、これは早稲田大学の文系学部をもしのぐ量である。

　ここまで見てきて分かることは、いわゆる難関私立大学を目指す場合には、とにかく短時間で読む速読力が求められているということである。また設問数も多いので、問題を素早く正確に答え

表14　早稲田・基幹理工　2007

大問	問題種	語数(語)	問数		1問あたりの概所要時間(分)	所要時間(分)
1	長文総合	632		15	1	15
	問題文英文	244				0
2	長文総合	273	Sec a	5	1	5
		248	Sec b	5	1	5
3	会話	358		10	1	10
4	短文	36	Sec a	5	1	5
		279	Sec b	5	1	5
5	短文	170	Sec a	5	1	5
		0	Sec b	5	1	5
		0	Sec c	5	1	5
語数計(語)		2240		60		50
試験時間(分)						90
英文読解に割ける時間(分)						40
	語数×2	4480				
	wpm	112.0				

るための問題処理能力も必要だ。

　表15・16に，過去5年間の各大学・学部における問題の総語数とwpmを掲載した。

表15　過去5年間のデータ（国立大学編）

大学	年	時間(分)	語数(語)	wpm
北海道	2007	90	2,085	99.3
	2006	90(80)	2,630	202.3
	2005	90(80)	1,474	79.7
	2004	90(80)	1,158	121.9
	2003	90(80)	1,546	73.6
東北	2007	100	1,792	112.0
	2006	100	2,353	77.1
	2005	100	1,543	61.7
	2004	100	1,630	72.4
	2003	100	1,286	47.6
東京	2007	120(90)	2,358	277.4
	2006	120(90)	2,662	332.8
	2005	120(90)	2,565	366.4
	2004	120(90)	2,349	391.5
	2003	120(90)	1,904	115.4
東京工業	2007	90	1,241	95.5
	2006	90	1,291	83.3
	2005	90	1,228	58.5
	2004	90	1,148	44.2
	2003	90	1,235	107.4

一橋	2007	120 (110)	995	26.2
	2006	120 (110)	1,378	53.0
	2005	120 (110)	1,134	33.9
	2004	120 (110)	1,292	39.8
	2003	120 (110)	1,245	41.5
名古屋	2007	90	1,112	-85.5
	2006	90	1,107	138.4
	2005	90	1,573	524.3
	2004	—	—	—
	2003	90	1,781	222.6
京都	2007	120	1,057	30.2
	2006	120	1,217	34.8
	2005	120	1,066	38.8
	2004	120	908	27.9
	2003	120	885	25.3
大阪	2007	105	830	33.2
	2006	105	1,019	41.6
	2005	105	902	37.6
	2004	105	963	44.8
	2003	105	875	35.0

大学・学部	年	時間	語数	wpm
九州	2007	120	1,378	83.5
	2006	120	2,094	73.5
	2005	120	1,600	78.0
	2004	120	1,342	92.6
	2003	120	1,696	54.7

※［―］印はデータなしまたは不明
※（　）内はリスニングを除いた時間
※北海道大学は90分だが，リスニングは10分と想定して計算（2003年〜2006年）2007年はリスニングなし
※東大は120分だがリスニング30分を除いて計算
※一橋大学は120分だが，リスニングは10分と想定して計算（2003年〜2007年）
※名古屋大学は2003年〜2005年は医学部の問題，それ以降は共通問題

表16　過去5年間のデータ（私立大学編）

大学・学部	年	時間	語数	wpm
青学・文	2007	100(80)	1,124	74.9
	2006	100(80)	1,651	110.1
	2005	100(80)	1,653	110.2
	2004	100(80)	1,117	74.5
	2003	―	―	―
慶應・経済	2007	100	3,142	120.8
	2006	100	3,392	150.8
	2005	100	2,654	100.2
	2004	100	2,483	101.3
	2003	100	2,231	76.9

慶應・文	2007	120	819	18.8
	2006	120	1,374	41.6
	2005	120	1,700	43.6
	2004	120	1,113	25.0
	2003	—	—	—
慶應・法	2007	80	2,409	401.5
	2006	80	2,368	263.1
	2005	80	1,885	179.5
	2004	80	2,216	340.9
	2003	80	2,025	150.0
慶應・理工	2007	90	1,312	61.0
	2006	90	1,233	77.1
	2005	90	1,101	56.5
	2004	90	1,256	62.8
	2003	90	1,307	47.5
駒澤・文他	2007	60	468	93.6
	2006	60	515	103.0
	2005	—	—	—
	2004	60	606	121.2
	2003	—	—	—

中央・経済	2007	90	1,465	97.7
	2006	90	1,736	115.7
	2005	90	1,935	96.8
	2004	90	2,368	148.0
	2003	—	—	—
中央・法	2007	100	1,233	123.3
	2006	100	1,163	116.3
	2005	100	1,186	118.6
	2004	100	1,666	151.5
	2003	100	1,170	117.0
東洋・文他	2007	60	1,362	136.2
	2006	60	904	150.7
	2005	—	—	—
	2004	60	1,336	167.0
	2003	—	—	—
法政・文	2007	60	1,191	70.1
	2006	60	2,085	260.6
	2005	60	1,959	115.2
	2004	60	2,000	66.7
	2003	60	1,928	110.2

法政・法	2007	90	1,488	58.4
	2006	90	1,464	50.5
	2005	90	1,695	96.9
	2004	90	1,703	100.2
	2003	90	1,117	50.8
明治・政経	2007	60	1,376	161.9
	2006	60	1,655	220.7
	2005	60	1,702	680.8
	2004	60	1,278	255.6
	2003	60	1,398	93.2
明治・法	2007	90	2,290	99.6
	2006	90	1,923	78.5
	2005	90	1,793	112.1
	2004	90	1,279	67.3
	2003	90	1,273	94.3
立教・文	2007	75	1,610	100.6
	2006	75	1,780	71.2
	2005	75	1,462	60.9
	2004	75	1,500	65.2
	2003	75	1,659	66.4

早稲田・教育	2007	90	2,437	116.0
	2006	90	2,432	124.7
	2005	90	1,832	91.6
	2004	90	2,346	111.7
	2003	90	2,505	131.8
早稲田・政経	2007	90	2,181	87.3
	2006	90	2,508	80.9
	2005	90	2,253	70.4
	2004	90	1,958	68.7
	2003	90	2,027	67.6
早稲田・文	2007	90	2,646	126.0
	2006	90	2,388	77.0
	2005	90	1,918	62.9
	2004	90	2,037	72.8
	2003	90	2,012	62.9
早稲田・理工	2007	90	2,240	112.0
	2006	90	1,777	86.7
	2005	90	2,187	101.7
	2004	90	2,096	104.8
	2003	90	1,501	56.6

4 英作文問題の分析

4-1 大学入試における英作文問題

　私立大学を中心にマークシートによる解答が増えている中，果たして英作文の問題を課している大学はどれくらいあるのだろうか。

　今回調査の対象となっている18大学について，2007年入試における実態を調べてみた。次の表17，18はその結果の一覧である。ただ「英作文」といっても意外とその範囲は広い。今回は，データ処理の基となった『Xam2007』の中で，「英作文」と分類されているものだけを取り出した。

表17　英作文の実態　国立大学　2007

大学	形　　態	問題数 小問	問題数 合計	日本語数(語)	英語語数制限	備　　考
北海道	長文を読んで自分の意見を書く	1	1		70～90語	
東北	下線部英訳	2	2			編集の都合上問題公表なし
東京	日本語で書かれた会話の要点を英語でまとめる	1	2		50～60語	
東京	絵に描かれた状況を自由に解釈し，英語で説明	1			40～50語	

東京工業	下線部英訳	1	3	50語		
	下線部英訳	1		49語		
	下線部英訳	1		41語		
一橋	英語で提示された3つのテーマから一つ選ぶ	1	3		120～150語	
名古屋	下線部英訳	5	10	142語		各問20～40語程度の日本語
	下線部英訳	5		107語		各問20語前後の日本語
京都	英訳	1	2	193語		
	英訳	1		168語		
大阪	自由作文	1	3		70語程度	
	下線部英訳	1		106語		
	下線部英訳	1		131語		
九州	下線部英訳	3	4	115語		各問30～40語程度の日本語
	自由意見	1			100語程度	

表18　英作文の実態　私立大学　2007

大学・学部	形　　態	問題数 小問	問題数 合計	日本語数（語）	英語語数制限	備考
青学・文	英訳	1	3	71語		
	英訳	1		79語		
	英語による質問に対する自由作文	1			50語程度	
慶應・経済	英文で論理的に説明	1	1		100語以上	解答上の条件多い
慶應・文	英訳	1	1	44語		
慶應・法	なし					
慶應・理工	適語補充	1	8			補充は単語レベルで8カ所
駒澤・文他	語句整序	5	5			マーク
東洋・文他	なし					
中央・経済	語句整序	1	5			マーク
	英訳	1	1	35語		
中央・法	英訳	1	2	53語		
	英訳	1		46語		
法政・文	なし					
法政・法	なし					
明治・政経	英訳	1	1	27語		

明治・法	なし				
立教・文	語句整序	1	4		並べかえ箇所は4つ
早稲田・教育	なし				
早稲田・政経	なし				
早稲田・文	なし				
早稲田・理工	なし				

　これを見ると，すべての国立大学では何らかの形で英作文を課していることが分かる。私立大学は，国立に比べると少ない。

　国立・私立を通して言えることは，和文英訳形式の出題が圧倒的に多いという点である。しかもそのほとんどが，日本語で50〜100語程度である。私立でやや語数が多いのが青山学院大学で80語程度。圧倒的長さを誇るのが京都大学で，193語と168語の和文英訳である。

　和文英訳以外の英作文を課している大学は少なく，国立では北海道，東京，一橋，大阪，九州大学，私立では青山学院・文，慶應・経済である。中でも特徴的なのが，東大と慶應の経済だろう。

　東大には，日本語で書かれた会話文を読んでその要点をまとめるというものもあるが，その他に，次ページのようにイラストを使った問題がある（資料2）。慶應の問題は解答上の細かい注意も多く，大学側が，解答する時間として「25分」と明記しているのもうなずける（資料3）。

資料2

次の絵に描かれた状況を自由に解釈し，40～50語の英語で説明せよ。（平成19年度東京大学第2次学力試験英語前期日程から）

資料3 （平成19年慶応大学経済学部英語入試問題から）

アフリカ南部諸国に於けるエイズ問題に対して，オーバル・ヒル・トラスト（The Oval Hill Trust：以下OHT）という新しい非政府組織（NGO）が，2006年の秋にロンドンに設立されました。当組織の設立宣言によると，OHTの目標は，以下の通りです。
- エイズ患者への医薬品の提供
- HIVの感染拡大の予防
- 広告による資金調達

あなたは，当組織の最高経営責任者（CEO）という立場であり，2010年度までの予算計画を文書で提案する必要があります。

問題：「OHTのこれからの支出計画を英文で論理的に説明しなさい。」

注意事項：1．表や図ではなく，必ずパラグラフの形式で答え

なさい。
2．下の表は，貴方が計画書を作成するに当たって考慮すべき，支出に伴う結果をまとめたものです。従って，支出の欄に書いてあるのは「案」ではありません。
3．長さは，100語以上にしなさい。
4．箇条書きではなく，接続詞や副詞を使って一貫性のあるパラグラフにまとめなさい。
5．文法に注意して書きなさい。

支出	長所	短所
Large budget	More medicines More publicity	Funds exhausted soon Chance of corruption
Numerous projects	Wide geographical impact Broad range of solutions	Loss of focus Overworked staff
Many workers	Better management Better fundraising	High administrative costs Supervision problems

注a）支出：OHT は，現在，資本金として500万ドル（＝6億円相当）を有し，年間25万ドル（＝3千万円相当）の収入があります。支出としては，全額まで費やすことも可能です。

b）プロジェクトの数：OHT は，現在までに，30もの資金援助要請を受けています。その規模は，100万ドルのものから1万ドルのものまで様々です。

c）スタッフの人数：現在の OHT のスタッフは，貴方だけです。もしロンドンで新しいスタッフを採用するとなると，一人当たりの年収は，約4万ドルとなります。

5 リスニング問題の分析

5-1 センター入試のリスニング

　大学入試センター試験のリスニングは試験初日の17：35から18：35まで行われる。この日は午前9：30から公民，地理歴史，国語，そして外国語の筆記が行われている。センター試験が行われる1月中旬の17：30頃と言えば，あたりはもう真っ暗。受験生の疲労もピークに達し，迫り来る睡魔との戦いとなるやもしれない。

　リスニングテストについてセンター側は「リスニングは，音声問題を用い30分間で解答を行うが，解答開始前に受験者に配布したICプレーヤーの作動確認・音量調節を受験者本人が行うための必要な時間を加え，試験時間は60分とする。」という説明をしている。

　ところが，実際の音声を使って調べてみたところ，英文自体を聞く時間は正味約13分39秒（2008年度），約12分30秒（2007年度），約14分13秒（2006年度）であったことがわかった。

　英文はすべて2回繰り返して読まれるので，もし1回で聞き取ることが可能であれば，集中して英文に耳を傾ける時間はさらに半分になる。そう考えれば，受験生たちにはだいぶ気が楽になるのではないでだろうか。

　次に，英文が読まれるスピードについて見てみよう。表19は，過去3年間に行われたリスニング試験の設問ごとの語数と読み上げにかかった時間の一覧である。大学入試センターのホームページから音声をダウンロードし，ストップウォッチで計った結果である。

表19 センターリスニング wpm 3年間の比較

問題	年度	語数(語)	時間(分)	wpm
第1問平均	2008	26.5	00'10"98	145.8
	2007	25.7	00'09"35	169.4
	2006	26.3	00'11"23	142.8
第2問平均	2008	19.7	00'06"89	176.6
	2007	23.3	00'07"42	189.6
	2006	18.4	00'07"60	144.5
第3問A平均	2008	23.3	00'10"52	152.7
	2007	46.7	00'17"62	159.8
	2006	44.7	00'17"50	153.3
第3問B	2008	151	00'50"64	178.9
	2007	146	00'49"00	178.3
	2006	145	01'03"00	137.5
第4問A平均	2008	95.7	00'38"27	150.1
	2007	75.7	00'31"11	146.7
	2006	90.3	00'35"48	153.1
第4問B	2008	204	01'18"73	155.5
	2007	181	01'12"00	150.5
	2006	184	01'24"00	131.3

合計	2008	1088	13'39"28	162.7
	2007	1011	12'30"42	171.0
	2006	1021	14'13"12	145.5

　全体平均は，初年度は145.5wpmだったが，翌2007年度には171.0wpmとかなり速くなり，2008年度には162.7wpmとややペースを落としている。

　設問ごとでは，男性女性2名の短いやりとりの第2問と，イラストを使った第3問Bの速さが目立つ。

6　高校の授業でできる入試対策

6-1　授業中に与える英文量を増やす

　そもそも教科書は，言語活動を促すための教材であるため，多読・多聞を前提としたものではない。とは言え，授業のよりどころはやはり教科書である。教科書を使って，授業1時間で扱う語数を増やすことはできないだろうか。

　各課の各Sectionで扱われる語数は少ないところで47語，多くても360語程度である。これを1時間，いやたいていの場合は2～3時間かけて学習するわけだから，授業中に扱う語数が極端に少ないのもうなずける。

　授業中に扱う語数を増やす手だての1つとして，各sectionをひとまとめにして読ませてみてはどうだろうか。2007年のセンター試験第6問で使われている単語数は761語であった。*Genius I*：Lesson 9のすべてのSectionをあわせるとほぼ同じ

くらいの長さになる。

　今は教科書会社から教科書本文のテキストが収められたCD-ROMなどが提供されている。これを使って1課分をまとめたテキストを作り，授業中に1課分まとめて読ませるような指導を行うと，教科書を使っても長文読解対策ができるのではないかと思う。

　また多くの場合，教科書の本文は1回読んで終わりになってしまう。しかし，教科書の使い方を工夫することによって，1時間の中で読む回数を増やすことは可能だろう。

　以下は，*Genius II* の第8課を扱った場合の指導例である。

　最初に，資料4のようなハンドアウトを配布する。まずは全体の概要をつかむために目標時間を設定して速読を行う。その後，次のようなワークシート（資料5）を渡すわけだが，それぞれのタスクごとに，紙は小さく切ってあり，1つ学習が進むたびに新たな紙を渡していく。同じような問いかけに，日本語で答えさせたり，英語で答えさせたり，あるいはT-F問題だったり，要約だったり…と，とにかく答えを見つけるために繰り返し読ませることに，この学習の目的はある。

資料4

Lesson 8　Shackleton 読解用テキスト

1st Reading

　Please read the passage once as fast as possible.　If you finish reading earlier and still have time, please read as many times as you can.

Section 1（170 words）

It was July, 1915, in the dark midwinter of Antarctica. The temperature was minus 34°C. Around the ship in all directions was a sea of ice. "She's pretty near her end ... The ship can't live in this ... what the ice gets, the ice keeps." The speaker was Sir Ernest Shackleton, one of history's most courageous leaders.

He had left from South Georgia Island on December 5, 1914. Shackleton and his men had sailed toward the South Pole to try to be the first to cross the Antarctic Continent on foot. After traveling nearly 1,000 miles, however, their ship, Endurance, was trapped—stuck in the frozen waters of Antarctica's Weddell Sea. It was January 18. Shackleton realized they would have to spend the winter in the ice. He showed no fear, though there was plenty to worry about. The sheet of ice they were trapped in was floating away from land—taking them slowly back north into the violent Scotia Sea.

wpm 早見表　　目標　1′30″

1′00″	1′10″	1′20″	1′30″	1′40″	1′50″
170	146	128	113	102	93
2′00″	2′10″	2′20″	2′30″		
85	78	73	68		

資料5

2nd Reading　　制限時間7分

Q．次の3つの質問に日本語で答えなさい。必要に応じてスキャニングすること。

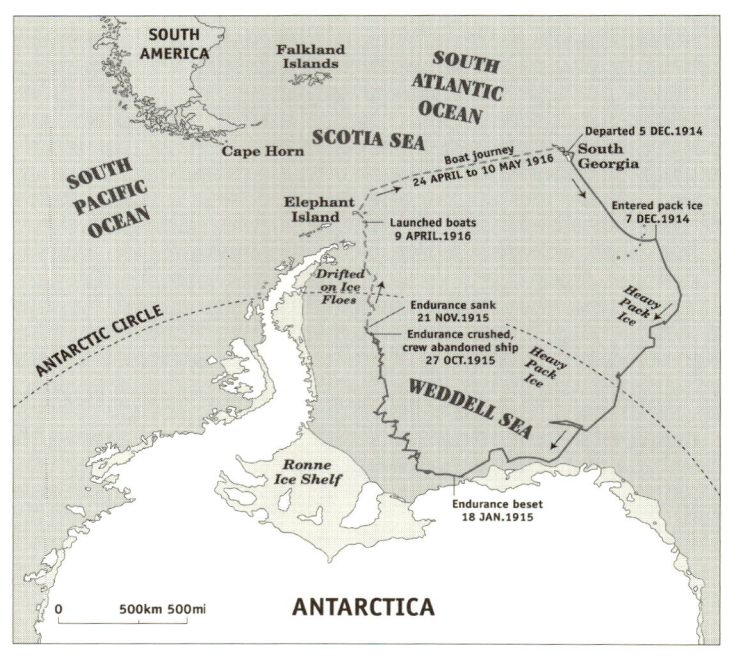

① この話しの話し手は誰か。また，その人はどんな人か説明しなさい。
② その人は，何をしに出かけたのか。
③ その人たちを襲った困難は何か。

3rd Reading　　制限時間7分

Q．次の年表を日本語で完成させなさい。必要に応じてスキャニングすること。

1914 December 5：

1915 January 18：

1915 July：

4th Reading　　制限時間7分

Q．Answer these two questions in English.

1. What was the goal of Shackleton and his men?

140

2．What happened to the ship of Shackleton and his men?
5th Reading
Q．True or False　英文を聞いてTまたはFで答えなさい。
　1．　　　　　　　　　　　　2．
6th Reading　　制限時間15分
Q．Summarize this section in English.

　普通に扱ったら，1時間の授業で触れる英語は170語に過ぎない。ところが，このような方法をとることによって1時間に触れる語数を1,020語（170語×6回）にまで増やすことが可能になる。
　ここに紹介したものはほんの一例に過ぎない。工夫はいくらでも出来るはずである。「教科書を教えるのではなく，教科書で教えるのだ」とはもう使い古された表現かもしれないが，日々の授業の中で生徒に与える英文量を増やそうとしたら，教科書を使ったこのような工夫こそ大切である。

6-2　速読指導「継続は力なり」

6.2.1　読解スピードは高めることができるのか

　先に示したとおり，ベネッセコーポレーションの計算から，センター入試では非常に高い速読力が求められていることがわかる。また，国立二次試験や難関私立大学入試では，センター入試以上のスピードで読まなければならないこともあることは前述の通りである。
　はたして自分が教えている生徒たちの読解スピードはどの程度なのだろうか。また，その読解スピードは高めることができるのだろうか。以下は，ある高等学校の速読指導とその結果である。
(1)　対象者：高校2年生　237名

(2) 実施時期：2007年4月～2008年2月
(3) 配当：英語Ⅱ（4単位）のうち2単位分の授業の冒頭で実施
(4) テキスト：TIMED READINGS Book 1（Jamestown Publishers）400語で書かれた英文50課分
(5) 練習計画：読む時間を下記のように，徐々に減らしていく
　　1課～10課　　読み8分　　解答2分　　答合わせ1分　　　計11分
　　11課～20課　　読み7分　　解答2分　　答合わせ1分　　　計10分
　　21課～30課　　読み6分　　解答2分　　答合わせ1分　　　計9分
　　31課～40課　　読み5分　　解答2分　　答合わせ1分　　　計8分
　　41課～50課　　読み4分　　解答2分　　答合わせ1分　　　計7分
(6) 理解度チェック：読み終わった後で，裏面の10題の3択問題に答える
(7) 到達目標：全体平均100wpm
(8) 練習方法：速読の時間測定にあたっては，次ページのような谷口（1992）の表を参考にした。

　谷口はこのような表を黒板に記入するとしているが，この訓練では，ワープロで作った表を拡大し，それを黒板に貼って使用した。最初は8分まで計測できるものを使い，順次制限時間を減らしていき，最後は4分間だけを示した。時間の横に赤いマグネットを置き，生徒は読み終わったところで顔を上げ，マグネット（表中の●）の位置を読むのにかかった時間として記録した。

資料6

●	1′10″	2′10″	3′10″	4′10″
	1′20″	2′20″	3′20″	4′20″
	1′30″	2′30″	3′30″	4′30″
	1′40″	2′40″	3′40″	4′40″
	1′50″	2′50″	3′50″	4′50″
	2′00″	3′00″	4′00″	5′00″

資料7

Reading Time	wpm	Reading Time	Progress Graph (1-25)	wpm
1′00″	400	1′00″		400
1′10″	343	1′10″		343
1′20″	300	1′20″		300
1′30″	257	1′30″		257
1′40″	240	1′40″		240
1′50″	218	1′50″		218
2′00″	200	2′00″		200
2′10″	185	2′10″		185
2′20″	171	2′20″		171
2′30″	150	2′30″		150
2′40″	150	2′40″		150
2′50″	141	2′50″		141
3′00″	133	3′00″		133
3′10″	126	3′10″		126
3′20″	120	3′20″		120
3′30″	114	3′30″		114
3′40″	109	3′40″		109
3′50″	104	3′50″		104
4′00″	100	4′00″		100
4′10″	96	4′10″		96
4′20″	92	4′20″		92
4′30″	89	4′30″		89
4′40″	85	4′40″		85
4′50″	83	4′50″		83
5′00″	80	5′00″		80
5′10″	77	5′10″		77
5′20″	75	5′20″		75
5′30″	73	5′30″		73
5′40″	71	5′40″		71
5′50″	69	5′50″		69
6′00″	67	6′00″		67
6′10″	65	6′10″		65
6′20″	63	6′20″		63
6′30″	62	6′30″		62
6′40″	60	6′40″		60
6′50″	59	6′50″		59
7′00″	57	7′00″		57
7′10″	55	7′10″		55
7′20″	55	7′20″		55
7′30″	53	7′30″		53
7′40″	52	7′40″		52
7′50″	51	7′50″		51
8′00″	50	8′00″		50
		section	1 2 3 4 5 6 7 8 9 10 11 12 13 14 15 16 17 18 19 20 21 22 23 24 25	
		Score		

また，資料7のような Progress Sheet を渡し，そこに読解にかかった時間と問題の正答数を記録させた。

6.2.2 速読訓練の結果と考察

学年全体に対して指導を行ったが，授業時数の関係で最後まで読み切れなかった1クラス分と，データが提出されなかったか，あるいはデータは提出したが未完成で調査の対象とできなかったものを除いた135名分のデータを分析に使用することができた。

(1) 読解スピードは伸ばすことができる

読解スピードに関しては，図1からも分かるとおり，第1課から50課へと進むにつれて wpm 値が右上がりに上がっている。

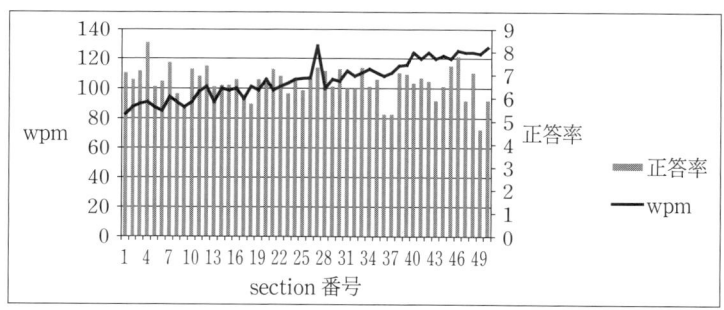

図1　Timed Readings wpm&正当率の比較

つまり，1年間の指導を通して読解スピードが上がっていることが分かる。最終目標は100wpm（4分以内で読み切る）であったが，50課が終了した時点での全課の wpm 平均値は105.5wpm となり，生徒達はなんとか目標を達成したようだ。指導前後の変化を見てみよう。第1課を読んだときの平均値が83.9wpm だったのに対して，最終回である第50課では平均で129.1wpm になっている。約45wpm 伸びたことになる。ベネッセコーポレーショ

ンが示した高校生の平均（75wpm）を大きく上回り，受験レベルまで上げることができたのではないかと考えている。このことから，訓練により読解スピードを上げることは可能であると考えることができる。

　次に正答率について見てみよう。このテキストには，内容についての３択問題が10題あり，生徒たちは表面の英文を読み終わった後，裏面にある問題を解くよう指示されていた。その際読み返しは出来ない。50課すべての正答率の平均値は6.7点であった。生徒達は速読しつつもある程度の内容把握はできていたように思う。入試に置き換えて考えれば67％の正答率なので，なんとか合格圏に届きそうである。

　50回の指導の中でわかったことは，指導の効果が現れるには時間がかかるということである。表20は50課の中で，wpm が目標値100wpm を超えた課の一覧を示している。

表20　wpm が平均を超えた課

課番号	12	19	21	23	24	25
wpm	101.80	102.30	107.60	101.20	103.60	104.20
課番号	26	27	28	30	31	32
wpm	106.10	107.00	130.40	109.00	104.80	112.60
課番号	33	34	35	36	37	38
wpm	107.80	110.80	112.70	109.90	109.20	112.20
課番号	39	40	41	42	43	44
wpm	117.00	117.30	126.20	120.20	125.00	119.80
課番号	45	46	47	48	49	50
wpm	123.70	126.80	127.30	126.00	124.50	129.10

初めて越えたのが12課である。そして23課以降は29課を除いて連続して目標値を超えている。全50回のうち，最初の10回くらいまでは試行錯誤が続き，半分あたりからようやく指導の効果が見え始め，入試レベルに対応できる数値（120wpm）に到達するのは全体の8割を経過したあたりからのようだ。速読訓練は決して一朝一夕でできるものではない。計画的な指導が求められる。

(2) **読解スピードと英語力および正答率と英語力の比較**

読解スピードは個々によって大きく異なる。実際には一人一人のデータを詳細に分析しなければならないが，まずは生徒の英語力と比較することで，全体的な傾向をつかみたいと考えた。ここで言う「英語力」とは，高校2年次の英語IIの学年末評定と考え

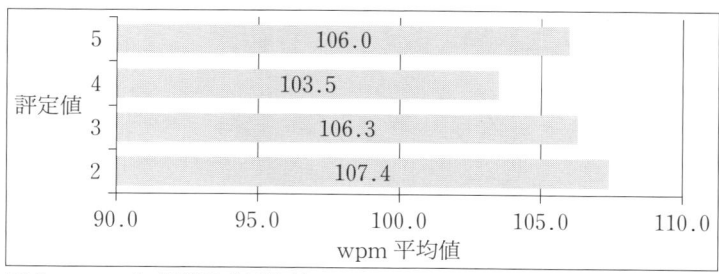

評定値	wpm 平均値
5	106.0
4	103.5
3	106.3
2	107.4

図2　wpmと英語II成績比較

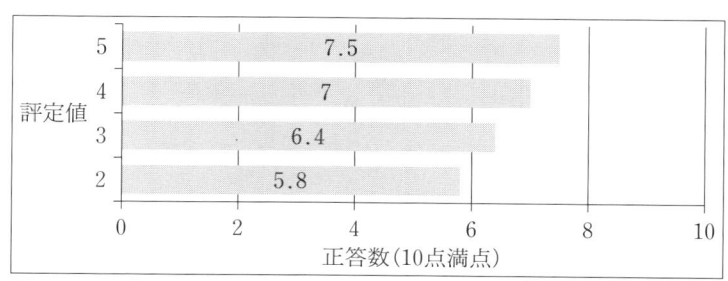

評定値	正答数(10点満点)
5	7.5
4	7
3	6.4
2	5.8

図3　正答率と英語II成績比較

ることにする。グラフ2とグラフ3は、それぞれ読解スピードと5段階評定、正答率と5段階評定の関係を示したものである。

客観的な判断を下すために、これらを順位相関を使って統計的に処理した。その結果、読解スピードと成績の間には相関は見られなかった（$r=.061$, $p=$n.s.）が、正答率と成績の間には正の相関がある（$r=.550$, $p<.01$）ことが分かった。

どうやら、読解スピードは英語力とはあまり関係なく、どの生徒も練習を通して読解スピードを上げることができるが、正答率には英語力が反映されるようである。

ただ、読解スピードについては、英語力不足の生徒の場合でも、制限時間を設定して訓練すれば、「一定のペースで文字を追うことができるようになる」と言った方が正確かもしれない。と言うのも、wpm値の高い生徒ベスト5を調べてみると、トップ3の生徒はいずれも評定値2または3の生徒であったが、その3名の正答率は低い方から20番以内に入っていた。おそらく、気持ちだけが焦ってしまい、ただ目を動かしているだけで内容は分からなかったのだろう。英語力不足から、未知語が多かったり、文の構造がわからなかったりしたとも考えられる。内容をしっかりと把握しつつ、ある程度のスピードで読むためには、やはりしっかりとした英語力の裏付けが必要ではないかと推測できる。

大学入試を乗り切るだけの速読力を身につけさせるためには、学校教育の中で語彙力や、文法力をきちんと定着させなければならない。

(3) 英文の難易度と読解スピード

谷口（1992）は速読を「幾分易しい教材に焦点を当て、理解度を落とすことなく速く読みとる読書術である。」と定義している。今回の訓練はあくまでも大学入試に対応した速読なので、「幾分

易しい教材」とはいかなかった。総じて難易度は高かった。入試を意識した速読指導である以上仕方がないことではある。そこで,英文の難易度が読解スピードと正答率に及ぼす影響力についても調べてみた。

比較的 wpm 値の高かった課と低かった課を抜き出して比較す

表21　wpm が周辺に比べ高かった課

正答率順	課	正答率	wpm	話しの内容	語彙の難易度等
3	7	7.6	94.6	ガソリンについての省エネ	やさしい
4	12	7.4	101.8	太陽熱発電	比較的やさしい
10	21	7.2	107.6	子供が問題に直面したときの親の援助	やさしい
14	28	7.2	130.4	国による衣服の違い	やさしい 文構造明確
17	41	7	126.2	アメリカのオイルショック	比較的やさしい

表21　wpm が周辺に比べ低かった課

正答率順	課	正答率	wpm	話しの内容	語彙の難易度等
35	13	6.5	87.9	アルコール依存症	比較的難しい
37	29	6.4	97.4	洞窟について	専門的未知語多数
38	31	6.4	104.8	アメリカの祝日（感謝祭）について	やや易だが固有名詞あり
48	37	5.5	109.2	催眠術	比較的難しい
50	49	4.7	124.5	アメリカの引っ越しについて	比較的やさしい

ることにした。ただ，後半の課に行けば行くほどwpm値は高くなっているので，先の図1を使い，明らかにその周辺と比べてwpmが高い課と低い課を抽出して調査した。その結果，特にwpm値が高かった課と低かった課は表21に示す5課ずつであった。

ここに抽出した各5課の分析結果は，前ページのとおりである。難易度が低ければ読解スピードも上がり，同時に正答率も上がっているようだ。

逆に，難易度の上昇に伴って，読解スピードも正答率も低くなっているように見える。確かに，wpmが高かった5課に関しては，正答率も上位17番までに入っているし，wpmが低かった5課については，正答率はいずれも35位以下に入っている。

wpmが周辺に比べて低かった課の英文を実際に読んでみると，13課や37課を除くと，語彙はさほど難しくはない。

それよりもむしろ，話の内容が難しいように感じる。このテキストは，アメリカの文化や歴史を話題にしたものが多く，中でも31課や49課はアメリカについての背景知識がなければ難しい。また，13課のように，生徒の日常生活と関係の薄い話題も難しいようである。

これは天満（1989）の指摘に一致する。天満は「文章を読む速度は(a)読む目的(b)読み手の持つ関心度(c)文章の構造・内容の複雑さの程度と密接な関係がある」としている。読解スピードと正答率は難易度の影響を受けているようである。

6.2.3 教科書でできる速読指導

先にも述べたように，学校の授業の基本は教科書である。速読だろうが，精読だろうが，とことん教科書を使い尽くすことが理想である。テレビの料理番組などを見ていると，料理家が「"あんこうは"捨てるところがない経済的な魚なんですよ」などと

言っているのを耳にすることがある。教科書もそんな存在であって欲しい。

　先の結果からも，内容についての背景知識があるかどうかが，読解スピードと正答率に影響を及ぼしていることがわかっている。教科書には，異文化理解，福祉，環境などさまざまな題材が取り上げられている。スキーマを活性化させる上でも，教科書は身近にある非常に有効な読み物であると思う。

　そこで教科書を速読用に作り替える調理法だが，こんな試みはどうだろう。やはりレシピがないオリジナル料理はうまくいかない。できればヒントが欲しい。そんなときに役立つのが速読用教材である。速読用教材は各出版社から工夫を凝らしたものが販売されている。そういったノウハウを参考に，自分のオリジナリティを加えながら，教科書をもとに教材を作ることは可能だろう。

　たとえば，『システム・リーディング』（美誠社）シリーズなど200語から300語程度の短い英文を読む教材がある。これを初見で読ませるのだが，1課につきプリントが3枚セットになっている。1枚目はTFクイズなどのついた速読を目指したもので，簡単に答え合わせをした後，2枚目を配布する。2枚目は精読を目的にしたもので，和訳や語法問題がついている。2枚に要する時間は約15分。この短時間の中で，同じ英文を2回読ませることができる。その後，残りの時間を使って答え合わせと解説をする。3枚目は正解と全文和訳の書かれたプリントである。授業後すぐに配布することで，生徒は家庭で復習が出来る仕組みである。

　これらを参考に，教科書の1課分，あるいはsectionごとに，オリジナル教材を作ってみよう。資料8‐Aは速読用，資料8‐Bは精読用である。

資料8-A

Lesson 5　Universal Design　Section1　速　読

　Have you ever heard of "Universal design (UD)"? It refers to the philosophy of creating city facilities, living environments and design which can be used easily by anyone —regardless of their age, body type or physical condition.

　So, why do we need UD? Because the world is full of all types of people—young and old, tall and short—who may have different needs. One obvious example is people limited by a disability. Though some people think of "disability" as a single thing, there are many different types of limitations that people live with. Many are temporary conditions that we all may suffer from at some time or another because of injury or illness. There are also special needs which aren't physical, such as when a visitor doesn't understand the local language.

　Universal design is for all of these situations. Its basic assumption is that diversity is normal. And its deal is "coexistence." We all live together, and should be able to enjoy our life together. It's not so difficult to find examples of UD in our everyday life. Let's look at a few. (187words)

wpm換算表　読み終わったらかかった時間を○で囲もう

時間	1′00″	1′10″	1′20″	1′30″	1′40″	1′50″	2′00″	2′10″	2′20″	2′30″
wpm	187	160	140	125	112	102	94	86	80	75

問．本文の内容と一致するものにはTを，一致しないものには
　　Fを記入しなさい。
1.　UD refers to the philosophy of creating a society where you do not need to worry about your physical condition.
2.　All of us many suffer from some kind of temporary

limitation even if it is not a disability.
3. UD is not just for disabled people but for everyone.
4. UD basically assumes that being different is normal.
5. In order for us to "coexist" with each other, we should study UD at school.

| 1 | | 2 | | 3 | | 4 | | 5 | |

| 年 | 組 | 番 | 氏名 | | 得点 | /5 |

資料8-B

Lesson 5 Universal Design Section1   精 読

Have you ever heard of "① Universal design (② UD)"? It ③ refers to the philosophy of creating city ④ facilities, living environments and design which can be used easily by anyone—⑤ regardless of their age, body type or physical condition.

So, why do we need UD? Because the world is full of all types of people—young and old, tall and short—who may have different needs. One obvious example is people ⑥ limited by a disability. (1) Though some people think of "⑦ disability" as a ⑧ single thing, there are many different types of ⑨ limitations that people live with. Many are ⑩ temporary conditions that we all may suffer from at some time or another because of injury or ⑪illness. There are also special needs which aren't physical, such as when a visitor doesn't understand the local language.

Universal design is for all of these situations. Its basic ⑫assumption is that ⑬diversity is normal. And its deal is

"⑭coexistence." We all live together, and should be able to enjoy our life together. (2)It's not so difficult to find examples of UD in our everyday life. Let's look at a few.

問A　下線部(1),(2)を日本語に直しなさい。((1) 4点,(2) 3点)
(1)

(2)

問B　日本文に対応するように，英文の空所に適語を入れなさい。(各1点)
1．ブラウンさんについては聞いたことはあるが，会ったことはない。
　　I've (　　　) (　　　) Mr. Brown, but I've never met him.
2．天気にもかかわらず，彼らは試合を始めるだろう。
　　They will start the game (　　　) (　　　) the weather.
3．誰でもいろいろなときに落ち込む。
　　Everyone feels down at (　　　) time or (　　　).

【語句・構文のまとめ】
① universal [　　　]　② UD [　　　]
③ refer [　　　]　④ facility [　　　]
⑤ regardless [　　　]　⑥ limit [　　　]
⑦ disability [　　　]　⑧ single [　　　]
⑨ limitation [　　　]　⑩ temporary [　　　]
⑪ illness [　　　]　⑫ assumption [　　　]
⑬ diversity [　　　]　⑭ coexistence [　　　]

年　　組　　番	氏名		得点　/10

読解1回目は速読を目指す。読解2回目では内容についての質問をする。加えて，重要と思われるイディオムや構文などの穴埋め問題を用意する。こうすることによって，速読の訓練ができるとともに，同じテキストを少なくとも2度読むことができる。つまり，仮にこの形を使い続ければ，18,794語だったGenius Ⅰ・Ⅱの語数を倍の37,588語まで増やすことができる。これにより速読が多読にもつながる。さらに多読が速読を促すことにもなるだろう。

　「多読では本をたくさん読むことが要求されますから，読むスピードが速くなることも期待できます。ロブ（Robb）らの研究では，多読を授業に取り入れた場合，その生徒たちは授業以外で英語を学習する時間が普通の授業を受けている生徒の約2倍も増えているそうです。そして英文を読むスピードも速くなったと報告しています」と白畑他（2004）は言っている。まさに一石二鳥である。

　このようなワークシートを作ることは一見手間がかかりそうだが，担当している教員同士で順番を決めれば，ひとりの負担が減ると同時に，お互いの教材研究も深まることになる。

　英語の授業と言えば「予習」は当然のことと思われているし，どうしても生徒にはそれを求めてしまう。しかし，実際の入試では辞書を使えるわけではない。自分の持っている知識の引き出しの中からより速く，より正確に必要なものを取り出さなければならない。そのためには初見で問題に取り組むことは非常に効果的である。

　生徒の様子を見ていると，特に理系の生徒などは理数系科目の勉強が忙しく，英語の予習にまで手が回らない者がいる。結果，予習ができている者は授業についてこられるが，予習が出来なかった者は何をやっているのかさっぱりわからないという状況に

なる。しかし、初見の場合はみなが同じ条件の下で学習できる。予習がいらない分生徒の負担は減るし、生徒にとって授業そのものが勝負の場となる。予習がない分楽ができ、なおかつ実践力が身に付く。私たち教師も、ストップウォッチとにらめっこをしている15分間は、話をせずに黙っていられる。いいことづくめではないか。何事も工夫次第である。

6-3 ライティングの指導

6.3.1 教科書を使い倒す！

私の勤務校では、2年次に2単位分ライティングの授業が設定されている。1年次の英語Iの授業の中であまり「書くこと」の指導ができなかった反省から、ライティングの時間には徹底的に英文を書かせたいと年度当初から考えていた。キャッチフレーズは「ライティングの教科書を使い倒す！」。

まず用意したものは解答を記入するためのワークシート。ノートだと返却が遅れたときに生徒たちの予習に支障が出てしまう。しかし、ワークシートは1時間ごとに回収できるので、時間をかけて添削することが可能になった。

「添削は楽しくて仕方ない」という先生を除けば、一般的には添削は結構大変な作業だと考えられる。確かにひとりで1学年240人分の添削を週に2回ずつやることは気の遠くなるような作業である。

これは結果論になるが、2学年6クラスのライティングを全部で5名の教員が担当することになった。基本的にはひとりが1クラス約40名分を添削するだけでよいのだから、これは生徒にとっても教員にとっても大変ありがたいことだった。教員間の理解もあり、当初の目標通り教科書を徹底的に活用することができた。

さて,最近のライティングの教科書は実によくできていると思う。従来の様に Grammar 中心に編集するだけでなく,そこに上手に Function を絡めてきている。脈絡のない短い 1 文を英訳させるのではなく,5〜6 文からなるまとまった日本文を英訳させるような問題が多い。前述の調査からもわかるように,国立・私立を問わず,問題の中心は和文英訳なので,教科書を徹底的に使うことによって,入試対策は充分にできると確信している。

また,教科書の後半にはパラグラフ・ライティングの練習をさせたり,自由英作文の練習をさせたりするユニットがある。一般的な自由英作文問題なら充分対応できる。前述の東大や慶應のような問題に対しては,教科書に加えて過去問などで練習すればいいのである。ここでも基本は教科書だ。

6.3.2 大学への要求

「受験しようと思っている大学に英作文があるとして,可能ならその大学の先生に聞いてみたいことはありますか?」という質問を生徒にしてみた。すると,生徒たちからは様々な声が寄せられた。いくつかを生徒が書いた原文のまま紹介したいと思う。

・どんな対策をすればいいか
・何をねらって英作文を出題するか
・どのような点を評価するのか
・部分点はつくのか,つくとしたらどのような定義でつけているのか
・採点基準は? (減点方式とか,その他いろいろ)
・採点基準は何ですか? 文法やイディオムはもちろん関係すると思いますが,文の内容も大きく影響するのでしょうか?
・文法と内容のどちらを重視するか

- ふつうは加点法なんですか，減点法なんですか？
- 採点する先生によって点のつけ方がちがうんじゃないの？
- どう勉強すればよいのか
- どんなにかんたんなモノを書いていても，間違いさえなければ良いのか？
- 短文で簡単な表現でもいいのか
- どんなことをポイントにみるのか（量，内容，文法，主張 etc.）
- 難しい文章を書かなければいけないのか
- 内容重視なのか，文法重視なのかどうか
- 各大学によって大きな違いはあるのか

　これらの声からも，生徒たちの不安な気持ちが伝わってくる。生徒たちは目指す大学の通称「赤本」（教学社出版の過去問シリーズ）などを参考にしながら受験勉強をしている。しかし，そこに書かれている英作文の解答は本当に大学が求めているものなのだろうか。編集に携わった先生が考えた答えかもしれない。生徒も高校の教師たちも，英作文対策にどう取り組んでいいのか分からないでいる。
　そこで私たちは大学に次のような提言をしたい。

6.3.3 「その年の合格答案ベスト3を紹介すべし！」
　大学はぜひ，合格答案を紹介してほしい。大学のホームページなどを使って公表してほしい。
　私たちは何も"模範解答"を示して欲しいと言っているのではない。実際の解答の中から"合格答案"を紹介してほしいと言っているのである。受験生が実際に書いた答案を紹介するわけだから，もちろん誤りもあるだろう。しかし，そのあるがままの姿こ

そ，受験生や学校現場が求めているものなのだ。「こんな風に答えればいいのか」「あまり難しい表現は使わなくてもよさそうだ」「この程度の間違いなら大きな減点にはならないようだ」等々，受験対策のヒントとなることが見えてくるはずである。また，実際に受験した生徒がHPを見たときに，もし自分の答案が紹介されていたらきっと嬉しいはずだ。

　大学の先生方からは，大学入試問題については作成から採点に至るまで，その精神的，時間的負担の尋常でないことをしばしばお聞きする。現状では，大学の先生方も大変，高等学校現場も右往左往，受験生たちは暗中模索の混沌たる状況である。お互い懐のさぐり合いをするのではなく，協調しつつ，お互いにとって利益になる方法を考えていくことも肝要だと思う。

6-4　リスニングの指導

6.4.1　教科書の読み上げスピードは？

　英語Ⅰ・Ⅱの教科書 *Genius* 添付の音声CDから，前述のセンター入試の読み上げスピードの割り出し方法と同様のやり方でwpmを調べてみた。「英語Ⅰ」「英語Ⅱ」に関係なく，読み上げスピードは基本的に一定ということなので，英語ⅠのLesson10の部分だけを調べてみた。結果は平均で140.3wpmであった。センターの数値と比べると，第4問ABのようなモノローグ問題の読み上げスピードとほとんど変わらない。

　最近ではピッチを変えずにスピードを変えられるようなコンピュータソフトも手軽に手にはいるようになった。教科書の音声をそのまま使うもよし，加工するもよし。教科書の音声も積極的に活用していきたいものである。

6.4.2 リスニングは総合的な力

リスニング教材の冒頭部分で，金谷（2005）は，「リスニングは総合的な力です」と言った上で，リスニングが苦手な理由として次の4点を上げている。「①単語が正しい音で頭に入っていない。②単語をよく知らない。知らない単語がたくさん出てきて聞き取れない。③文法が弱い。だから，どこが意味のかたまりになっているかわからない。④単語がつながったときどんな音になるのかがわからない。」

そして，それぞれの対応策として次の4点を示している。「①音に関する基礎的な問題です。もう一度，ひとつひとつの単語を正しい音で頭に入れ直しましょう。②知らない単語が多くては聞き取れるはずはありません。聞き取りのときの知らない単語は，その前後の知っている単語まで，わからなくしてしまいます。これに当てはまる人はボキャビル（使える語彙を増やすこと）が必要です。③は本当はいちばん大切です。文法がわからなければ，意味のまとまりがわかりません。次にどんな種類の単語がくるか，予測も出来ません。これに当てはまる人は中学校で習った文の作り方を復習しましょう。④は①と同様，音に関することですが，ちょっとレベルが高い問題です。言い方を変えれば，④だけが問題の人はかなり上級者と言っていいでしょう。これに当てはまる人はつながり方を集中的に勉強すればリスニング力は完成です。」

上記①「単語が正しい音で頭に入っていない」ことに関して，Nakano, T.（2006）は，「日本の中高生は，既習語について音声認知と視覚認知が等しくできるのだろうか」という主題の元，調査・分析を行った。その中で，「①中学校既習語について中高生の語彙認知に差はあるのか。②高校既習語について高校生の語彙認知に差はあるのか。③単語学習学年と，その単語の認知に差があるのか」の3点がリスニングに関わりのあるものである。この

調査では，中学2年生から高校3年生までを対象に，「発音を聞いて意味を選ぶ単語テスト」：WORT-AV（Word Recognition Test based on audio vocabulary）と「つづりを見て意味を選ぶ単語テスト」：WORT-SV（Word Recognition Test based on sight vocabulary）を実施した。実験協力者は中学生919名，高校生637名であった。

既習語から抽出した同じ単語について，「音声を聞いて単語の意味を選ぶ単語テスト」と「つづりを見て意味を選ぶ単語テスト」を行ない，同じ単語を文字で提示して目で見た場合と，音声で提示して耳で聞いた場合，どちらも同じように単語の意味がわかるかどうかを調べたものである。

中学1年既習語については，中高生共に，音声認知と視覚認知はほぼ同様にでき，正答率も9割を超えた。ところが，中学2年既習語になると，正答率も下がり，両得点間の開きも大きくなり，中学3年既習語に関しては語彙認知が正しくできる生徒とできない生徒の差が開いてきた。

一方，高校既習語になると，正答率は9割を下回り，両認知間の差はますます開いていくようであった。これは，語彙の難易度が上がったことや，高校では音声学習の割合が減ったからではないかと考えられる。全体的に視覚認知に比べて音声認知が困難である傾向がみられた。

また，上記④「単語がつながったときどんな音になるのかがわからない」点に関して，Saito, C.（2006）は，「ネイティブスピーカーの自然な発話では，連結，脱落，同化などの音変化が生じる。

日本語においても音変化は見られるが，英語に比べてその種類と発生の頻度は少ない。この様な音変化は多くの英語にふれることによって習得されるが，教室以外で英語にふれることが少ない日本人英語学習者にとっては，英語のリスニングを妨げる一要因

である。特に初級レベルの学習者にとっては，単語間の音変化によって単語の切れ目が認識できずに単語自体の認識を妨げていると考えられる。しかしながら，現状では音変化の指導は英語教育の現場では重要視されていない」と指摘した上で，大学1年生・2年生84名を対象に音変化のルールの指導と音変化の聞き取り，発音の練習を行い，指導の前後にディクテーションテストを行った。

音変化については連結，脱落，同化の3種類について指導し，それぞれの種類について子音と母音の連結，語尾の子音の脱落，破裂音や摩擦音と半母音が連続で起こる口蓋化の特徴に絞って各15分，各1回の指導の効果を調べた。指導の前後では平均値が上昇し，音変化の指導をすることによって，より多くの単語の認識が可能になることがわかっている。

以上の実験データからも，授業の中で折りに触れて音声指導を取り入れていくことの必要性を痛感する。特に高校においては中学校に比べて音声指導の時間も余裕もなくっているように感じている。センター入試にリスニングテストが導入されて後も，筆記試験から発音問題が依然として姿を消さないのは，学校現場に音声指導を求めている証なのかもしれない。

7　おまけ：大学入試の"常識"問題

まずは，次の問題に挑戦していただこう（資料9）。問題文になる英文はない。果たして，問と選択肢のみから答えを推測できるだろうか。

資料 9

問 4　下線部(あ)～(お)の本文中で使われている意味に最も近いものをそれぞれ 1 つずつ選び，その番号をマークしなさい。

(あ) dietician
1　someone who advises on weight control by telling people not to eat
2　someone who cooks the food that magically helps people to lose weight
3　someone who limits the amount of food he or she eats to lose weight
4　someone who studies what people eat and drink and how this affects their health

(い) figures
1　images　2　officials　3　spokesmen　4　statistics

(う) paediatricians
1　doctors who look after children and treat their illnesses
2　doctors who look for rich patients and treat themselves to sports events
3　doctors who study about teenagers at a hospital
4　doctors who study what people think and how they behave

(え) assessed
1　acknowledged　2　cleared
3　evaluated　4　weighted

(お) quite a bit
1　a fairly large amount　2　a very small amount
3　an equivalent amount　4　only a moderate amount

問 5　下線部(1)～(12)について，最も適切なものを 1 つずつ選び，

その番号をマークしなさい。
(1) peer pressure とは
1 学校の中で受ける集団的ないじめ
2 大人と同じでありたいという強い欲求
3 仲間の中で目立ちたいという自己顕示欲
4 同年代の子どもから受ける社会的な圧力
(2) to be on the point of an obesity epidemic とは
1 肥満が蔓延の兆しを見せているということ
2 肥満の人が他国に比べて極めて多いということ
3 肥満対策が世の耳目を引いているということ
4 肥満対策が政府の重点課題に挙げられているということ
(3) the problem とは
1 子どもの食生活
2 子どもの肥満
3 肥満にまつわるいじめ
4 肥満の子どもの人権問題
(4) Children referred to the unit とは
1 この診療所を紹介されて来た子ども
2 子どもが自らこの診療所に来たということ
3 子どもが肥満と判定されるということ
4 調査の基準となる肥満の子ども
(5) non-competitive とは
1 どのようなことについても助けが得られるということ
2 希望者が全員参加できるということ
3 勝者も敗者も生まれないということ
4 全員が平等に診察を受けられるということ
(7) the embarrassment of the changing rooms とは
1 教室を変更しなければならない屈辱感

2 異性の更衣室に誤って入ったときの気まずさ
3 体育で教室を移動するときに感じる動悸
4 着替えのときに経験する恥ずかしさ

(10) has become less withdrawn とは
1 悪友に連れ回されることが多くなったということ
2 引きこもりがちになったということ
3 前よりも積極的になってきたということ
4 部屋に閉じ込める必要が減ってきたということ

(11) so self-conscious about their weight とは
1 自分が太っていることを気にしているということ
2 自分が太っているのではないかと不安に思うこと
3 自分の体重がどれだけあるかを認識していること
4 自分の体重の管理に関して自信があるということ

(12) you're pretty set in your ways とは
1 一人ひとりの体格がほぼ完全に決まってしまうということ
2 自分のやり方というのがほぼ固まってしまうということ
3 将来の進路をほぼ決めてしまっているということ
4 肉体が大人のものになるので柔軟性に欠けるということ

(6)(8)(9) 省略（it が指しているものを探す問題のため）

|解答|

問4　(あ)　4　(い)　4　(う)　1　(え)　3　(お)　1
問5　(1)　4　(2)　1　(3)　2　(4)　1
　　　(5)　3　(7)　4　(10)　3　(11)　1　(12)　2

　種明かしをすると，これは2007年の明治大学・商学部の長文問題である。試みに，高校3年生38名に英文を示さずに解答させたところ，9点が1名，8点が3名，7点が5名いた。全14問中5割以上取った生徒は全体の約1／4いたことになる。また，(7)は

50％，(1)(12)は60％以上の生徒が正解を導き出している。高得点を取った生徒の中には，必ずしも英語が得意ではない生徒も含まれている。もしもきちんと英文を読んで問題に取り組んでいたらどんな得点になっていたのだろう。

ここに興味深い実験結果がある。『現代英語教育』1994年7月号「英語教育探偵団⑯」で，私立大学で出題された300問を，問題となる英文を読まずに選択肢だけを見て問題を解くという実験を行ったものである。その結果は，資料10のとおりである。

|資料10|
「読まずに Try! 選択問題」結果報告

> TOTAL $= \frac{173}{300} = 57.7\%$
>
> ※選択肢が英語か日本語かによって，正答率が違ってくるかどうか，別々に出してみたが……
>
> ・選択肢が英語の場合　　$\frac{143}{248} = 57.7\%$
>
> ・選択肢が日本語の場合　$\frac{30}{52} = 57.7\%$
>
> ※さらに出題形式別に出してみた。
> ・選択肢が英語の場合
>   (1)　4択問題——————————————————69％
>   (2)　5つ以上の選択肢の中から複数解答させるもの——48％
>   (3)　すべての選択肢について真偽を問うもの————57％
> ・選択肢が日本語の場合
>   (1)　4択問題——————————————————83％
>   (2)　5つ以上の選択肢の中から複数解答させるもの——46％
>   (3)　すべての選択肢について真偽を問うもの————57％

選択肢が英語の場合には約7割，日本語の場合には約8割の正

答が得られている。この調査からすでに15年ほどの歳月が流れているが，実態は大きく変わっていないのかもしれない。今回は明治大学の問題を使ってみたが，他にも同様の出題をしている大学が多々見受けられる。

これは，大学が意図したものなのか，はたまた，作問上の問題なのか。真相はわかりかねるが，数年分の問題を見比べながら，その大学の入試問題の傾向と対策を考えてみる必要がありそうだ。

8 まとめ

日々の授業の中で，「ここは大学入試に出るぞ！」「この単語は絶対に覚えておけ！」とか「〇〇大学の問題は量が多くて大変だぞ」などと生徒に言うことがよくある。しかし，それは実は予備校や入試対策本の受け売りだったり，あるいは自分の中の思いこみに過ぎなかったりしたのかもしれない。この調査を進める中で反省しきりであった。

言い訳になるかもしれないが，日頃は教材研究や分掌の仕事，あるいは生徒指導などに追われ，じっくりと大学入試に正対する機会は少なかった。今回「分量」という観点から分析をすすめてきて，入試問題に対する認識を新たにした。学校でやらなければならないこと，あるいは高等学校だからこそ出来ることがたくさんあることに気づかされた。確かに学校現場には様々な障害もある。いくら自分が何か試みたいと思っても，シラバスの問題，授業進度の問題，また同僚の理解が得られるかどうかなど，思うように動けないこともある。

しかし，大事なことは私たち教師が変わることである。教員同士がお互いに問題を共有しつつ，一緒に取り組む姿勢が必要である。こと分量に関しても，思い切った改革をしない限り，大学入

試に対応できる英文量をこなすことは難しいだろう。しかし，ちょっとした工夫や，教員同士の協力があれば，教科書を使って英文量を増やすことは充分可能である。「学校の授業で，そして教科書を使った学習で，大学入試に対応できる」はずである。

　今回の調査が，学校現場の変化への一歩を踏み出すきっかけになったとすれば幸いである。自分自身，ここで知り得たことを同僚と分かち合うとともに，目の前にいる生徒たちに還元していきたいと考えている。

【参考文献】

Nakano, T.（2006）*L2 Word Recognition of Japanese Junior and Senior High School Students*. Unpublished MEd Thesis, Tokyo Gakugei University.

Saito, C.（2006）*The Effectiveness of Connected Speech Instruction on Japanese EFL Learners in Listening*. Unpublished MEd Thesis, Tokyo Gakugei University.

金谷憲（監修）（2005）『Listening Pilot Level 1』東京書籍.

白畑知彦（編著）・若林茂則・須田孝司（著）（2004）『英語習得の「常識」「非常識」　第二言語習得研究からの検証』大修館書店.

谷口賢一郎（1992）『英語のニューリーディング』大修館書店.

天満美智子（1989）『英語読解のストラテジー』大修館書店.

「英語教育探偵団⑯」『現代英語教育』研究社.1994年7月号. pp.33-36.

「英語教育なんでも探偵団②」『現代英語教育』研究社.1996年5月号. pp.33-36.

「2007年度　第2回都立英語指導研究会」～入試要求学力に向けて求められる英語指導～.2007年6月.ベネッセコーポレーション.

『全国大学入試問題データベース　Xam2007』JC教育研究所.

【使用教材】

Spargo, E.（1989）*TIMED READINGS Third Edition Book 1*. Jamestown Publishers.

Genius English Course Revised Ⅰ・Ⅱ　大修館書店.

『システムリーディング・バラテスト　中級・上級』美誠社.

5 カリキュラム編

1 入試対策の量と質

　「コミュニケーション活動を授業で行ってみたいとは思う。しかし，進学校なので入試対策をやらねばならず時間がない。」

　このような嘆きをよく耳にする。しかし，これは本当なのだろうか？　受験の幻影に怯える余り，早い時期から問題演習をくり返す。このような受験指導は，物量作戦に近い。指導の質の検討よりも，量を重視しているからである。量を確保するためには，長い時間をかける必要がある。結果として受験対策を高校１年生から強いることになる。しかし，これは本当に効果的なのだろうか？　実は大して効果のない徒労を営々と繰り返しているのではないだろうか？

　大学入試が選抜を目的に行われる以上，対策は必要だろう。しかし，ここで問題なのは対策の質である。入試に出るからという思い込みで，問題集以外で教師自身がまったく目にしないような構文や表現の演習問題に生徒達を駆り立てていないだろうか？

　対策を立てるならば質の良いものを行いたい。それも，日常の授業を歪めないようなものを探したい。入試対策が「必要悪」だとしたら，最小限の努力で最大の効果を上げたいものである。

2 受験勉強の前倒しで失うもの：Haste makes waste.

　先ほど，入試対策の前倒しについて触れた。前倒しが本当に妥当な方法なのかどうかを，プロ野球に置き換えて考えてみたい。高校1年からの受験演習は，2月のキャンプ初日から公式戦のような全力投球を延々と続けるようなものである。まるで，このような練習をしなければ開幕戦に間に合わないかのようである。しかし，これは非現実的である。高校を卒業したばかりでまだ身体の出来ていないルーキーに，いきなり実戦練習をやらせれば故障するのは自明である。プロ野球では，長期的に考えて体力をつけながら技術を向上させているのである。

　これと同様に考えると，入試対策の前倒しがいかにナイーブな行いであるかが分かる。大学受験は，緩く長い上り坂をゆっくりと走り続けるようなものとも言える。スタートからダッシュする必要などないし，そんな走り方をしては，たとえゴールできたとしても，その時点で力尽きてしまう。だから，大学に入って力が伸びないのだ。入学時の生徒たちの体力（＝中学校で身につけてきた力）を正確に把握し，バテずに3年間走り続けられる体力をつけ，登り切った後も次の上り坂に向けて走っていく気力と体力のある生徒たちを育てたい。そのためには，受験指導の質を見直す必要があるのだ。

　早期からの受験演習は，ある意味で根性論に近い。また，かける労力の割には費用対効果が悪い。加えて，対策の名のもとに受験に直結しない活動を切り捨ててしまうために，失うものが多過ぎる。極端な例を考えてみよう。入試に面接がないからと言って，口頭練習や音読練習を授業から一切排除したらどうなるだろうか？　基礎力を伸ばさずに技術ばかり追えば，どこかで頭打ちになるのは自明である。発音問題は解けるが，発音はまったくダメ

などというのでは，笑い話にすらならない。

　英語を暗号のように解析し，日本語に置き換えなければ理解した気持ちになれない。こんな悪弊がついたままでは，入試直前の追い込みで伸びないのだ。

3　高校3年間の見通し・アウトライン

　3年間を見通して，どの時期までにどのような力をつければよいのだろうか，網羅的ではないがポイントを簡単に示すと次のようになるだろう。以下に書いた内容は，家庭学習に委ねる前に教室で丁寧に指導する必要がある。

〈高校1年〉
○春休みの教員の準備：教科書を3年間通読して教材の見通しを持つ。中学校の教科書を読み込み，学習履歴を把握する。
○1学期
　・読む・聞く：英語を言葉としてとらえられる。ゆっくりとした音読の速度で英語の語順通りに意味をつかめる。
　・話す・書く：教科書の音読・暗唱練習，応用の作文とスピーチ
　・文法：口頭練習，中学との落差を埋める。
　・語彙・辞書：英和辞典を使いこなす。
○2学期
　・読む・聞く：普通の音読の速度で内容がつかめる。
　・文法：文型の整理
　・語彙・辞書：英英辞典の利点を知る。
○3学期
　・読む・聞く：教科書1課分を一気に読む・聞く。

- 話す・書く：書く分量を増やす。
- 文法：動詞型の整理
- 語彙・辞書：基本語（多義語）のイメージがつかめる。

〈高校2年〉
○春休みの教員の準備：センター試験などの過去問を分析し，入試にあまりでない（出ても無視して良い）項目をつかむ。
○1学期
- 話す・書く：文章のつながりを意識させる。
- 文法：名詞構文の理解
- 語彙・辞書：単語の量を増やす。
○2学期以降
- 文法：高校文法のまとめ
- 語彙・辞書：単語の量を増やす，動詞を中心としたフレーズでアウトプットする。

〈高校3年〉
○春休みの教員の準備：入試の過去問を分析し，頻出項目を点検する。
○1学期
- 語彙・辞書：語根と接辞による既習語の整理
- 書く・話す：量と質の向上
- 読む・聞く：長い分量への対応と概要把握
○2学期以降
- 受験対策：答案作成演習

　具体的な例として，高校1年1学期の〈英語を言葉として捉える〉ための指導について紹介したい。高校入試レベルの英語を言

葉として読んだり聞いたりできるか。英語を言葉として言ったり書いたりできるか。まずは，ここの確認と指導に時間を割きたい。急がば回れである。例えば，次のように平易な英語を1分間で読み取り，適切に音読する力をつけることである。

Jimmy was good at breaking safe open. He was caught by the police and put in prison for ten months.
　It was the day when he was set free. The chief of the prison said to Jimmy, "I don't think you are a bad man. Stop breaking safes and live a better life."
　Jimmy was given some new clothes which were too large for him, and a pair of new shoes which hurts his feet. He was also given five dollars. That was the money which would help him become an honest man.
　As soon as he left the prison, he went straight to a place where good food was served. (111 words)

これは，1970年代の中学校教科書の最後の課である。まずは，このレベルを，素早く正確に読み取る・聞き取る力を付けたい。そして対応できる英語のレベルが徐々に上がっていけば，センター試験の長文も分速100語で読み切ることができるのである。

4 知識から技能へ

4-1 教科書を使い尽くす

英語教員として絶えず意識したいことは「当たり前のことを当たり前にやる」ということである。ショートカットや裏技などは

ないのである。

　授業の中心となる教材は検定教科書である。これを軽視せず，じっくりと読み込んで徹底的に使い尽くすこと。この「当たり前のこと」を絶えず意識したい。「教科書では入学試験に対応できない」というのが，いかに根拠のない思い込みであるかは，今までの章で実証してきた通りである。受験には「問題集・単語集」による学習が不可欠だ，とする思い込みがいかに根拠を欠くものであるかに驚かれたことだろう。合格するためには満点である必要はない。教科書レベルの語彙・文法が身に付き，適切な速度で読解・聴解ができれば合格点を取ることは夢ではないのである。この章では，教科書を使った日常の授業に一工夫を加えるだけで，受験への対応も可能であることを，多くの実例を挙げながら示していきたい。

　さて，入学試験で問われる英語の技能は，ふつう「聴く・読む・書く」の3つだけで，「話す」力が直接問われることはない。しかし「話す」こと，そして「話すための練習」は英語力を伸ばすための基礎として不可欠だと考える。例えば，「書く」場合には，必ず言えるようになってから書くようにする。これが原則としたい。

　英語力を氷山に喩えてみよう。海面に姿を見せているのは一部に過ぎず，残りの大部分は海面下にあり目には見えない。試験で問われる力が海面上に見える氷山だったとする。目に見える部分が大きければ合格となる。そのためにまず必要なことは，氷山全体を大きくすることである。つまり「英語の力」を全体として伸ばすことである。入試に出題されるかどうかなどは些末なことで，受験と実用の「二兎は追える」のだ。英語の力が伸びれば，その結果として合格も可能となるのだ。このように常識で考えれば当たり前のことが忘れられているのではないだろうか。「英語の力

は大してないが，点数だけは取れる」というのは奇妙な話である。

4-2 Practice makes perfect.

　勉強はあくまでも正攻法を目指したい。裏道や短絡路が，仮に見つかったとしても，長期的に見れば自分の力を伸ばすことにはならない。練習しなければ上達しない。これは，理の当然である。当たり前のことを当たり前に続けることこそが大切で，特別なことなどいらないのである。

　「テストの点は取れるが，英語には全く自信がない…」と嘆く大学生や社会人が少なくない。このような状態に陥らないためには，音声を重視した練習が不可欠である。繰り返しになるが，ろくに発音できない単語や文をひたすら書いて覚えるなどというのは徒労だし愚の骨頂である。確かに，音読練習には時間がかかる。しかし「急がば回れ」である。頭で理解しただけでは，自動車のペーパードライバーと同じである。身体に刻み込まなければ技能とは言えない。そのための練習として音読・暗唱，そして口頭練習が有効なのである。

　次に引用するのは，このように口頭練習を重視した授業を経験して卒業した生徒から送られてきたメールである。

> ・あまり英語が得意でない自分でも，外国人に発音が良いと褒められます。中高時代の暗唱テストのために一生懸命練習した成果だと思います。
> ・単語や前置詞の基本概念を理解させるやり方はスピーキング能力向上にとって非常に重要だと思いました。音読した例文を全て暗唱できるまでになれば実はかなり英語は話せるのではないかと思います。大学に入り，いろいろな機会で英語

を読む，書く，聴く，話すことが多くなりましたが，例文が口をついて出てくるというのはとても効果的ですし，表現の幅がでてきます。中高で暗唱した文章は今になっても身体にしみこんでいるようで，とても役に立ちます。文法的に概念的に理解した上で暗唱することで，かなり実力がついたのではないかと思います。

5 高校入学前の春休み：入口から出口までを見通す

3年間の指導を計画的に行うためには，

- 出発点：生徒達は何ができて何ができないか
- 到達点：生徒達が何をできるようにしたいのか

を明確に意識することから始めたい。

新入生を迎える前の春休みは多忙を極める。しかし，この時期に是非ともやっておきたいことがある。それは，

- 中学校時代に使用した教科書を読み込む
- 高校3年間で使用予定の教科書に目を通す

ことである。前者は，生徒達の現在位置つまり「出発点」を把握するために有効である。また，後者を行うことによって，教科書を使った3年間の授業のイメージを概観することができる。

題材内容の配列とバランス，文法事項の配列と取扱い，語彙などに意識を向けて教科書を読むことによって，見通しの良い指導が可能となる。

5-1　学習履歴の把握

　高校1年を担当する前の春休みに，どのような授業準備をしているだろうか？　入学してくる生徒達が中学校時代に使用していた教科書に目を通している人はどれくらいいるだろうか？　この時期に，是非とも取り組んでいただきたいのは，中学校の教科書に丁寧に目を通すことである。この過程をスキップして，生徒達の出発点を正確につかむことは不可能である。

　高校の教科書とは違って，中学校の教科書は種類が限られている。学区の限られた高校であれば，手に入れなければならない教科書は1～2社分だろう。また，読むべきテキストの分量も決して多くはない。教科書本文に限って徹底的に読み込むのには，大して時間はかからない。黙読するだけでなく，音読したり筆写したり，ワープロに打ち込んでみたりすることによって，教科書の内容は驚くほど頭に残る。まるで，自分が実際に授業で使った教科書のように思えるほどである。

　生徒達が触れてきた英語，つまり学習履歴が頭にはいると，英語を話したり書いたりする際にモデルとなる資源を把握できたことになり，効果的なアシストが可能となる。中高の落差を作らず，スムーズな接続を行うための第一歩として推奨したい。

5-2　現状理解度チェック

　「これは中学校で学習済みのはずだ」という経験的な思いこみが，いかに現実と乖離しているのか，実感していただくことにしよう。次に示すのは，40年ほど前の1970年代半ばに使われていた中学の教科書で取り上げられていた文法事項である。この中で，現在の中学校教科書に登場するもの，すなわち，生徒達が学習済

みの項目はどれだろうか？ 学習済みと思われる番号の左にある
□にチェックを入れていただきたい。記入する前に①〜⑫をコ
ピーしておいて，同僚の判断と比較してみることをお奨めする。

□①感嘆文
  What a nice room this is!
  How nice this radio is!
□②受動態
  He will be invited to a party by his uncle.
□③付加疑問
  It's a fine day, isn't it?
  You know him, don't you?
□④知覚動詞＋O＋原形不定詞/現在分詞
  I saw him get into a taxi.
  I saw him walking along the street.
□⑤使役動詞＋O＋原形不定詞
  I'll let him go to the zoo.
□⑥現在完了進行形
  I have been skiing for an hour.
□⑦S＋一般動詞＋現在分詞
  They came running.
□⑧S＋V＋O＋間接疑問
  Can you tell me where she lives?
□⑨S＋V＋O＋不定詞
  I would like you to come with me.
□⑩ not＋不定詞
  He told me not to shut the door.
□⑪関係代名詞
  He is a college student who studies law.
  I know a girl whose uncle is a famous doctor.

The American (that) I've invited will come by car.
　　　I keep a dog which can swim very well.
　　　The book (which) I read yesterday was interesting.
　　　The house that stands on the hill is my uncle's.
　　　This is a mark (that) I don't understand.
□⑫関係副詞
　　　Monday is the day when I'm busy.
　　　He came to the office where she worked.
　　　　　　　　　　　　　(*New Prince English Course*／開隆堂)

　チェックした項目はいくつだっただろうか？
　結論を言うと，現時点でチェックを入れて良いのは1つ，⑪だけである。「そんな馬鹿な！」と思われる方は，是非とも中学校の教科書を熟読して欲しい。平成10年告示の学習指導要領では，⑪関係代名詞（whose は除く）のみが中学校で取り扱う文法項目である。しかし「理解に留める」という但し書きがあるので，関係代名詞の文を書いたり話したりすることまでは求められていない。平成20年に改訂された新・学習指導要領が実施されて，中学校の授業時間数が4時間に増えたとしても，大きな変化はない。⑪の但し書きが外される他に，②〈助動詞＋受動態〉が追加されるくらいである。
　さて，同僚の判断はどうだっただろうか？　おそらく食い違っているはずである。多くの場合，自分たちが中学生時代に学習した項目は既習であると思いこんでしまう傾向が強い。若手よりもベテラン教員の方が現状認識が狂っている恐れが高いのである。
　高校の教科書を徹底的に活用した授業を行うためには，先ず，中学校の教科書を活用することから始めたい。生徒達にアウトプットさせる英語のレベルは，当面は中学校教科書レベルとするのが妥当だからである。

5-3　生徒達は被害者

　高校教員から「最近の生徒は基礎・基本ができていない。中学校では何をやっているのか」という批判を耳にすることがよくある。そこで「例えばどのようなことか？」と尋ねると，

　①辞書が引けない
　②予習ができない
　③文法用語を知らない
　④筆記体が書けない
　⑤発音記号が読めない

等の答えが返ってくる。しかし，中学校の立場から言えば，①〜⑤の大部分は高校で指導すべき事項である。

　このようなギャップの被害を受けるのは生徒である。高校側は「中学校がやるべきことをやっていない」と批判する。一方，中学側は「高校の授業が旧態依然としているからせっかく育てた生徒の力が伸びない」と批判する。しかし，このような責任転嫁の応酬に終始していては生徒は救われない。批判ばかりでは何も始まらない。大切なのは目の前の生徒を直視することである。その上で「今，自分はこの生徒達に何ができるのか？」を考えることである。

5-4　中高の狭間：どちらで指導すべきか？

　中高の接続の悪さの例を，もう一つ見てみたい。

① This is the book I talked *about* yesterday.

これは，中学校・高校のどちらで指導すべき事項なのだろうか？　中学校から見ると「これは高校の内容だ」と思えるかもしれない。しかし，高校教員の中には「これは中学校で学習済みだ」と信じて疑わない人も少なくないだろう。
　平成10年告示の学習指導要領によれば，中学校で扱う関係代名詞は，

- 制限的用法のみ（＝カンマ付きの用法は除く）
- 目的格の whom と所有格の whose は除く
- 〈前置詞＋関係代名詞〉は除く
- 先行詞と関係代名詞が離れたものは除く

に限られている。①に埋め込まれているのは確かに，

　② I talked *about* the book yesterday.

なのだから，〈前置詞＋関係代名詞〉の形を使って，

　③ This is the book *about* which I talked yesterday.

という文を作ることも理屈の上では可能であり，これだと中学校の学習事項とは言えない。しかし，③のような言い方をすることはまずない。それは talk about がひとかたまりのフレーズとして意識されるからで，talk と about を分離することには無理があるからである。talk about がフレーズとして意識されていることの証拠としては，

　④ The book was not talked *about* yesterday.

第5章　カリキュラム編 —— 181

のように，talk about が受動態になれることも挙げられる。（これと同じことが，listen to, look at などにも成り立つ。）「talk about は実質的には1つの単語と同じ働きだ」と考えると，①を中学校の学習事項だと考えることも無理ではなくなって来る。中学校・高校の双方が「これは自分の守備範囲ではない」と押しつけ合っていると，中高の狭間で扱われないままに終わってしまうことになる。現在使用されている中学校の検定教科書には，①のような文は，ほとんど登場しない。中学生がこういった文を実際に目にすることはほとんどないのだ。こういった事実は，中学校教科書を丁寧に読み込めば気づくことである。

　それでは，次はどうだろうか？

⑤ The people I work *with* are very friendly.
⑥ Who was that boy you were *with* yesterday?

　この二つの例文も，埋め込まれている文の構造は〈自動詞＋前置詞〉で，それが，

⑤ work with ...「…といっしょに働く」
⑥ be with ...「…といっしょにいる」

のように広義の句動詞（phrasal verb）として用いられている点では，①と同じである。また，ともに，

⑤同僚はとてもいい人達です。
⑥昨日一緒にいた子は誰？

のように，日常的に頻繁に使用できる表現である。しかし，これ

らも，①と同様に中高のどちらでも明示的に指導されることはまずない。結果として，非常に使い勝手の良い表現であるにもかかわらず，高校生はうまく運用することできないのである。

また，2002年度末に実施された国立教育政策研究所の教育課程実施状況調査（全国規模の学習到達度調査）では，

　⑦ I must make it shorter.
　　〈S＋V＋O＋C〉
　⑧ Let's ask my brother to help us.
　　〈tell など＋O＋to 不定詞〉

を整序作文させた際の正答率（調査の中では「通過率」という用語を使用）が，⑦が40％弱，⑧に到っては30％程度に過ぎない，という結果が報告されている。

⑦⑧は多くの教科書で中学3年に登場し，ともに高校での学習事項の土台となるものである。これらの定着が極めて不安定なまま高校に入学してくるという事実が明らかになっているのである。こういったことを充分に意識し，効果的な復習を組み込むことなどにも留意しなければならない。

5-5　テキスト分量のギャップ

　教科書本文の分量にも，中高で大きな落差がある。中学校教科書の最後の課と高校教科書の最初の課を引用して，その差を比較してみたい。（中学校の教科書では，新出文法事項を含んだ最後の課を引用した。）

〈中学校3年・最後の課〉

Section 1

Cathy Freeman entered the Olympic Stadium on the night of her last race. Everyone in the stadium was watching her.

She ran the race as fast as she could and finished first! She felt very happy. When she ran her victory lap, she had the flag of Australia with her. She also had the flag of the Aborigines. It is the flag that shows the identity of Aborigines.

Section 2

The word "Aborigine" means "first inhabitant." Aborigines were the firtst people to come to the Australian Continent about 30,000 years ago.

Aboriginal culture is rich in art, music and dance. Have you ever seen their dancing? Dancing styles are different from tribe to tribe, but they all use a lot of foot stamping. Their dances often imitate the animals and birds which they see around them.

Section 3

Interviewer: May I see that gold medal? It's beautiful. When did you start running?

Cathy: I started running when I was a child.

Interviewer: Do you have a favorite memory from childhood?

Cathy: Yes. It's Christmas at the beach with relatives.

Interviewer: What's the best advice that you can give young people?

Cathy: If we don't believe in ourselves today, we won't achieve our goals tomorrow.

(*Sunshine English Course*／開隆堂)

セクション数：3，文の数：20，単語数：195，新語数：24，
1文当たりの平均語数：9.8

〈英語Ⅰ・最初の課の冒頭ページ〉

Section 1

Street performers are traveling pantomime artists, jugglers, acrobats, magicians and musicians. They perform in cities and towns all over the world. You can find them in parks, on sidewalks, or near train stations. They practice for years to become good street performers. Though they sometimes collect money, most performers can't make their living this way. They get no regular salary. So why do they choose this life?

Section 2

Meet Mr. "Thank You" Tezuka, a pantomime artist. He traveled the world and learned how to perform without words. After winning street performance competitions and appearing on television, he became popular. But it wasn't always like that. At first he found performing hard, but he continued because he was attracted to the connection with the audience. "Thanks to my performances," he says, "I can communicate directly with people."

Tezuka explains that audiences react differently in different countries. "In Japan, people watch me like they are watching TV. In the U.S. or Canada, people join in with me —they get excited and make noise. In Spain, people see performers in the streets often, so they only stop if they really like the performance."

The performance itself is also different. "Performers and the audiences in Japan like clearly structured performances," Tezuka explains. "On the other hand, in many foreign countries, performers are very free and flexible. Just dressing up and walking down the street can become a kind of performance. I like this. I always wonder what can turn into a performance."

Section 3

Sakurakoji Fujimaru is not a painter but a "portrait performer." She doesn't take money from the model. Instead, she gets money from the people watching her.

"In Japan, usually there are few people around portrait artists when they paint. So artists can only communicate with the model. In many other countries, however, the model often sits in an open space. That way, artists can talk to the model and also the people around them."

She first thought of drawing in front of others while in the hospital. "I was in the hospital because I was having some trouble with my throat, and I drew a portrait for a patient. He was extremely happy with it, and after that other patients asked me to draw them. The models had fun. Then I found that patients came to watch and enjoyed themselves, too. In fact, the atmosphere of the whole hospital improved. Seeing this created a warm feeling deep in my heart."

Section 4

These days, with television and the Internet, face-to-face communication is getting less common. Therefore, seeing a smiling face and hearing laughter directly is more important than ever. Watching a live performance makes this possible. It is not just self-expression. Communication doesn't always need words. Street performers show that to us. They use their whole body and show us their spirit to communicate. This touches people all over the world, and brings everyone a bit closer together.

(*Genius English Course*／大修館書店)

セクション数：4，文の数：42，単語数：482，新語数：27，
1文当たりの平均語数：11

　中学校教科書の新語数は，1セクション平均7語である。これは，高校教科書と大きな差はない。また，1文の平均語数にもほとんど差はない。圧倒的に違うのは本文全体の分量である。1セクション当たりの単語数を平均すると，中学校は65語で，高校は120語となり，高校の教科書ではセクション当たりの単語数がほぼ倍増する。仮に1セクションを1時間で扱うとすると，生徒が接する英語の分量がほぼ倍増するということである。急に分量が増えたことに，生徒は圧倒され途方に暮れる。
　「高校と中学は違うのだから落差があって当然」という考えもあろう。しかし，この落差は本当に必要なのだろうか？　落差があれば，中学校か高校のどちらかが埋める努力をしなければならない。しかし，多様な生徒を抱える中学校側にこれを求めるのは無理というもの。高校側が頑張るしかないのが現実である。
　そこで「高校1年1学期は再入門期」だ，というように意識を改革し，従来行われてきた指導の常識を根本から見直すことが求められるのである。

6　高校1年1学期：辞書指導

　この時期に英和辞典の使い方を授業中に徹底的に指導した方が良い。このように考える理由を以下に述べる。

6-1　家庭学習の落差

　中学校の授業では，新出語句や文法事項を授業内で導入するの

が一般的である。家庭学習は，授業で練習したことの定着を図るために行う復習が中心となる。

しかし，高校では未体験の活動である「予習」が4月当初から要求されることが多い。予習では辞書を引くことが要求される。しかし，中学校卒業の時点で英和辞典を使って未習語の語義を絞り込む方法を身につけている生徒は，現状ではごく少数であろう（平成20年告示の新・学習指導要領には「辞書指導」が明記されたので，今後は変わるかも知れないが…）。中学校教科書の巻末には，語義の一覧が掲載されているため，教科書の学習に関して辞書を引く必要性はないのである。したがって，辞書指導を受けてきた生徒以外は，辞書を引いた経験がなくともまったく不思議はないのである。

もし，高校の授業で予習を生徒に課すのであれば「予習のやり方，辞書の引き方」は，高校1年1学期の授業の中で丁寧に指導すべきだろう。

6-2　辞書の指導

「辞書を引いて来い」と100回指示すれば辞書が引けるようになるのならば100回指示すれば良いだろう。しかし，命令を連呼するだけで力がつくはずはない。必要なのは，辞書が引けるように「指導する」ことである。

指導は授業中に時間を割いて行うべきである。高校1年1学期の授業目標の1つは「辞書が的確に引けるようになること」としたい。辞書の指導には，継続的な指導と時間が必要である。ほとんど何も教えないままで，辞書引きを家庭学習に委ねるべきではない。

また，電子辞書の普及とともに，従来型の辞書（以下，紙辞

書）を持っている生徒の数は急減しているように思われる。確かに，電子辞書は検索性には優れる。例えば，dictionary という単語を含んだ用例を，搭載の辞書すべてから検索するなどという場合には非常に便利である。このように，見出し語になっていない単語を検索することは，紙辞書では不可能に近い。

しかし，一方で，電子辞書の一覧性は極めて低い。当該の単語にどのくらい多くの語義があるのか，例文や解説がどのくらいあるのかは，一見したのでは分からない。したがって，紙辞書に載っている情報のイメージを持たずに，最初から電子辞書しか使用していないと，せっかく辞書に出ている情報を発見し損なう危険性が高い。電子辞書は便利ではある。しかし，使用する前提として紙辞書の指導をする必要性は従来よりも高まっているように思われる。

辞書を的確に引くために必要なのは，単語検索と，語義の絞り込みである。単語検索は訓練しなければ速くならない。また放っておくと，辞書上方の余白に dictum〜diet のようにそのページに出ている単語の範囲が明記されていることにすら，生徒は気づかない。

語義の絞り込みは生徒にとってさらに難しい。何も指導しなければ，最初に出てきた語義をただテキストに書き込んで来ることになる。この悪弊は，電子辞書世代ではさらに強まっているように感じられる。しかし生徒を責めるのは酷である。辞書に載っている語義から適切なものを選ぶのは決して簡単なことではない。どうして良いか分からないから最初の語義を取り敢えず選択するのである。例えば，ある1文に未習語が3語あった場合を想定してみよう。辞書を引くとそれぞれに語義が4つずつ出ていたとする。そうすると単純に考えれば解釈の可能性は，$4 \times 4 \times 4 = 64$ 通りにも及ぶ。この中から，どのようにして文の意味を特定すれ

ば良いのか。高校生の多くは，まずここでつまずいてしまうのではないか？

そこで，授業では次のような辞書引き活動を毎時間行ってみてはどうだろうか？

①未習語のうち授業で取り上げるものを絞る
②英和辞典の該当箇所を拡大してプリントする
③生徒を指名して質疑を行い，語義を特定するプロセスをクラスで共有する

学校指定の辞書を一括購入していない場合は，共通の土俵を作るために②のプリントが必要となる。また，③を通して，品詞の特定がいかに大切か，品詞はどのように特定していくのか，ということを，仲間から学んでいくことができる。

例えば，教科書に It doesn't matter. という文が出て来たとしよう。matter という単語は中学校で出会っている場合もある。しかし What's the matter? のように名詞の場合が大部分であるため，matter が動詞であることに気づかない生徒もいる。そこでクラス全体と次のようなやりとりをしてみる。

教師：ここの matter の意味は「困ったこと」かな？
生徒：それじゃあ「事柄，事件」？
教師：It doesn't matter. だよ。matter は本当に名詞かな？
生徒：分かった。動詞だ！
教師：どうしてそう考えたの？
生徒：だって doesn't の後にあるから。
教師：なるほど。そうやって，品詞を絞り込むのも手だね。

このようにして，語義を絞り込むプロセスをクラス全体で共有することが可能になる。
　自分で持ってきた辞書を使う場合は，それぞれの記述の違いを活かした指導も可能となる。例えば，次のような文が出ていたとしよう。

Parents express their hope ***that*** their sons will be happy, healthy and brave.

　接続詞 that の働きを質問すると，多くの生徒が「同格の that」と答えるかも知れない。しかし『ラーナーズ・プログレッシブ』（小学館）を持っている生徒ならば違った意見を言うかも知れない。この辞書の〈受け継ぎ〉という囲みには次のように書かれているからである。

hope 動 ⇄ 名 hope ⇄ 形 hopeful
〔動〕　We |hope ***that*** | she will succeed.
〔名〕→ our |hope ***that*** | she will succeed
〔形〕　We |are hopeful ***that*** | she will succeed.
〔名〕でも〔形〕でも that 節を用いる。

　この記述から読みとれることは，hope が動詞であろうが名詞であろうが，後に続く that 節との意味関係は変わらない，ということである。同じことは，her belief that war is wrong というような表現についても言える。これは She believes that war is wrong という文全体を名詞化したものであり，that 節は名詞 belief の目的語の働きをしていると考えた方が意味も分かりやすいし，応用が利く。名詞を中心として文を「圧縮する」という表

現方法は、高校レベル以上の英語を理解するためには避けて通れないものである。これについては、後であらためて触れることにしたい。

以上のような活動を通して、各自が家庭学習の中で辞書を引くことに徐々に近づけていく。一人で辞書が引ける力がついたと判断した時点で、授業での活動は終え、家庭学習に委ねることにする。

7 高校1年2学期以降

7-1 まとまった分量を読ませる工夫

予習に際しては「1ページずつではなく1課分通読して概要を把握せよ」と要求することが多い。しかし、中学時代には1時間に60〜70語の英語にしか触れてこなかった生徒に対して「500語前後の文章を一気に読め」と要求してもできるはずがない。そこで一気に多量の文章が読めるようになるために、指導のプロセスを工夫する必要が生ずる。ポイントは、

①中学校レベルの平易な英語を一気に読む体験を繰り返し、量に対する恐れを払拭する。
②教科書の文章を通読する負担を軽減する工夫をする。

の2点である。

①の素材は、生徒達が中学校時代に使用したのとは別の教科書である。他社の教科書でも良いし、旧版の教科書でも良い。それを、高校の教科書に似たレイアウトでプリントに作り直して読ま

せるというものである。高校教科書のLesson 1には4月下旬までは入らないという方法もある。半月以上かけて「教科書1課分の平易な英語が苦もなく読めた！」という成功体験を積み上げて行くのである。この活動によって「量の格差」への抵抗感は解消できる。

　②の代表的な活動は「トピック・センテンス・プリント」である。段落冒頭の1，2文だけを抜き出して集めたプリントを用意し，それだけを読んで概要を類推させる。文章全体を与えて「トピック・センテンスだけ拾い読みすれば概要がつかめる」と言い続けるよりも，混乱がないし視覚的な負担感も少ない。このプリントを使えば，読む分量はテキスト全体の4分の1程度となる。

　高校1年1学期後半に扱う題材からの例を示す。

Lesson 4　Young Victims of War
Section 1

① In recent years, millions of children and young people have been killed, hurt or affected by war.　Their physical and psychological wounds often last for life.

② Some companies answer the question in a simple way. They give part of the money from the sale of their products to organizations that work with young war victims.

③ In a similar way, thanks to money from book readers, an organization called WAR Child has helped children in Iraq. Because of war, many schools couldn't prepare their end-of-year exams.

Section 2

④ Of course, children need more than just books to study with.

⑤ "Art is important," says Hector Sierra of Artists Without Borders (AWB), "especially for children who have survived war and who have no other way to express themselves."

⑥ Sierra lives in Tokyo and established AWB after a trip to war-torn Kosovo.

⑦ The first mission of AWB was a visit to Kosovo. There, the art of origami, for example, was well received.

⑧ Children also made drawings.

Section 3
⑨ Sport is something children all over the world need and love. But in war areas, many children don't have a place to play.

⑩ Then, soon after the World Cup soccer tournament was held in Japan in 2002, the Kabul Kids Soccer Tournament started.

⑪ "Afghanistan now seems to be safe at last," says Aragol, a 13-year-old boy who played in the tournament, but who until recently was a refugee.

Section 4
⑫ So how can high school students here in Japan help young

victims of war?

⑬"Don't think you must do something for others because you feel sorry for them," says Ms. Sadako Ogata, former U. N. High Commissioner for Refugees.

⑭Ms. Ogata would like Japanese high school students to broaden their horizons, become international, and work together with young people affected by war.

　段落冒頭を拾い読みするだけで，話の概略はある程度見当がつく。その上で「この段落には何が書かれているのだろう？　読んでみたい」という動機も生まれてくる。このような準備をしてから1課分を通読させてみてはどうだろうか？　何のアシストもせずに読ませるのとは，生徒の負担は随分と違うはずである。

7-2　分量への慣れ

　日本の英語授業は「読み書き偏重」だと言われる。本当にそうだろうか？　多くの授業では「読む」という行為は家庭学習すなわち予習で行うことが義務づけられている。その多くは，1時間に1〜2ページ程度のわずかな分量であることが多い。授業中に初見のテキストを辞書なしで地力で読む，という活動が行われることは実は少ない。授業中に行っているのは，予習でノートに書きつけてきた和訳の答え合わせをしているのに過ぎず，生徒達はテキストと格闘してはいないのである。これでは，入学試験の長文問題に太刀打ちできないのも無理はない。**試験会場で要求される活動を，授業でも家庭学習でも行っていないからである。**

　難しめの英語Ⅰの教科書の場合，1課分の本文の語数は700語

前後であることが多い。これは，ちょうど大学入試センター試験の最後の長文問題の文章と同じくらいの長さである。日常から，この程度の長さの文章を集中して読む機会は，高校1年の後半になれば十分に可能である。その際，テストと同じようなレイアウトに再構成してみると実際よりも分量が少なく感じられる。また，設問を用意して作業させながら読むことによって，漫然と読むことを避けることができる。先ほどのテキストを使ったプリントの例を以下に示す。この文章は全部で782語あるので，与える時間は8分間。分速100語（100wpm）で黙読できれば十分に終わる。1分間に100語というのは，ゆっくりとした音読の速度である。

英語の語順に従って，遅めの音読の速度を目安に1課分を一気に読む。この活動を，毎課の冒頭に行っていくことによって，読む速度を伸ばすことが可能になる。この速度で，英語の語順通りに意味をつかんでいく力を付け，読む速度が110〜120wpmに達すれば，大学入試問題に必要なスピードをクリアしたことになる。この辺りの詳細なデータに関しては，第4章の分析をご参照頂きたい。

〈課題〉
1 単語①〜⑤，⑦〜⑩の意味を，右の欄外に日本語で書きなさい。分からない場合も辞書は使わず，※印を付けてから類推して書きなさい。
2 ⑥と同じパターンで使える動詞を，三つ挙げなさい。

Section 1

In recent years, millions of children and young people have been killed, hurt or affected by war. Their physical and ① <u>psychological</u> wounds often last for life. War can hurt the very people that must one day rebuild their countries. For future peace we must help these young ② victims of war. But the question is what we should do to help.

Some companies answer the question in a simple way. They give part of the money from the sale of their ③ products to organizations that work with young war victims. In this way, people can help simply by buying a certain book, brand of coffee, wine and so on.

In a similar way, thanks to money from book readers, an organization called WAR Child has helped children in Iraq. Because of war, many schools couldn't prepare their end-of-year exams. WAR Child gave the paper, books, ④ geometry sets and pencil sets so that 20,000 twelve-year-old students could take their exams and go on to high school. For Mohammed, a twelve-year-old boy living in southern Iraq, this was an important step. It brought him closer to his dream of becoming an engineer when he gets older. This may be a small example, but it shows us that helping others can be easier than we think.

Section 2

Of course, children need more than just books to study with. They also need beauty and creativity. So some people are bringing art to young victims of war.

"Art is important," says Hector Sierra of Artists Without ⑤ Borders (AWB), "especially for children who have survived war and who have no other way to express themselves."

Sierra lives in Tokyo and established AWB after a trip to war-torn Kosovo. "For most organizations, the goal is to feed children, not to amuse them," says Sierra "I wanted to help them in the form of art and entertainment."

The first mission of AWB was a visit to Kosovo. There, the art of origami, for example, was well received. "Many refugee children have no toys. So every time we teach them how they can make something like this, quickly they do so." Sierra says as he touches the back of a paper frog. ⑥ This causes it to hop across the table.

Children also made drawings. They often drew ⑦ tanks rolling past burning buildings, or planes raining bombs. As time went on, however, their art changed. They began to use bright crayons instead of dark ones. One child even drew a pretty butterfly flying around a colorful house. It seemed that drawing gave children a needed outlet for negative emotion.

Section 3

Sport is something children all over the world need and love. But in war areas, many children don't have a place to play. In Afghanistan, for example, children face the problem of ⑧ landmines. Many can't move around freely in fields. One organization, Save the Children, has been rebuilding parks in the Afghan capital, Kabul, so that children can play safely. Since 1996, nearly 30 parks have become safe enough for children to play there. This allowed many children to start playing soccer.

Then, soon after the World Cup soccer tournament was held in Japan in 2002, the Kabul Kids Soccer Tournament started. Many children who had practiced in the parks took part. It has since become a big event, and the finals are held at the national stadium in Kabul—a place used for public killings in the past.

"Afghanistan now seems to be safe at last," says Aragol, a 13-year-old boy who played in the tournament, but who until recently was a refugee. "I watched the World Cup on TV. I think we will be able to send our future national team to the World Cup." He sees a bright future not only for Afghan soccer, but for his country as a whole.

Section 4

So how can high school students here in Japan help young victims of war?

"Don't think you must do something for others because you feel sorry for them," says Ms. Sadako Ogata, former U. N. High Commissioner for Refugees. She has a lot of experience working on refugee problems. "First, you need to accept them as equals, get to know them, and treat them like any other friend you have. As you get to know the young people who cannot study, or who have had to leave their homes because of war, you can learn from them as they learn from you. This brings a feeling of solidarity. And solidarity is much more important than charity alone."

Ms. Ogata would like Japanese high school students to ⑩ broaden their horizons, become international, and work together with young people affected by war. She hopes that in that way, we can all build peace together.

〈課題１〉では，新出単語を指定して類推した語義を書かせている。「知らない単語は類推しながら読め」と指示するよりも，具体的で紛れがない。

〈課題2〉は，動詞型（verb patterns）の定着を図るためのものである。動詞が後ろに何を伴うか，という知識は，正確な文を書いたり話したりするために絶対に必要なことである。似たようなパターンをグルーピングし，次のように，典型例とともに繰り返し反芻することによって正確に運用できるようになることが期待できる。例えば，

⑥ This causes it to hop across the table.
　→〈tell / ask her to do〉と同じパターン

同じパターンで使われる既習の動詞を列挙させて，コツコツと固めていくのである。⑥のパターンで使える動詞が頭に浮かんだときに，瞬時に正しい構文で口頭作文できるようになるまで，折に触れて練習させたい。

8　高校2年：圧縮された構文の解凍

8-1　名詞構文の扱い

　中学校では出会わないが高校で大切な項目というのがある。その典型に名詞構文がある。名詞構文は字面を直訳したのでは意味をなさないし，理解することもできない。しかし，名詞構文の指導はともすると「和訳のテクニック」に矮小化され，適切な指導がされていない場合が多い。
　次の文を考えて欲しい。ハロウィーンの由来について書かれた百科事典からの引用である。

① The *__building__* of bonfires on hilltops mainly took place in Scotland.

　下線部を「丘の上での焚き火の建物」などと高校生は答えがちである。文全体の意味を考えずに字面を日本語に置き換えているからに他ならない。しかし，下線部は，

← build bonefores on hilltops（丘の上で焚き火を焚く）

を名詞化した表現なのである。こういった表現は和訳にもっとも向かないものと言える。したがって，名詞構文の意味を確認する際には，元の文に戻す，つまり圧縮された構文を解凍させれば良いのである。
　もう1つ例を挙げてみたい。次も百科事典からの引用である。

② Rachel Carson stressed (ア) the **interrelation** of all living things and (イ) the **dependence** of human welfare on natural processes.

　下線部(ア)よりも(イ)の方が簡単なので，こちらから考えてみたい。必要ならば，dependence を動詞に戻すというヒントを与えても良いだろう。

(イ)← human welfare **depends** on natural processes

　それでは，(ア)はどうだろう？「全生物の相互関係」と訳されたのでは，本当に理解できているのか判然としない。文に解凍させてみると，最初に出てくるのは，

(ア) ← all livings are **interrelated**

あたりであろうか。ここでinter-という接頭辞の意味を考えさせると，最終的には，all living things are **related to each other** という文に辿り着く。この方が和訳よりもストンと意味が落ちるのではないだろうか。

8-2　高校3年：和訳問題への対応

「入学試験に和訳が出題されるから仕方なく…」という話をよく耳にする。しかし，和訳させ続けた方が和訳問題に強くなるのだろうか？　そうとは言い切れないだろう。和訳を通して，先ほど示したような名詞構文の意味を確認すると，どうしても「翻訳の技術」として捉えられてしまうきらいがある。自然な日本語に訳すためのテクニックだと矮小化される心配があるのである。例えば，次の文を考えてみたい。入学試験の和訳で問われそうな箇所に下線を引いてみた。

① Linguistics implies value judgement such as the positive value of the language itself, the value of objective linguistic enquiry, and the ***recognition*** of the study of language as worthwhile or good.

下線部を「…であるような言語研究の認識」などと訳したら確実に零点になるだろう。ここは，やはり名詞構文を解凍して，

← recognize the study of language as worthwhile or good
（言語の研究は時間をかける価値がある良いものだ，と認識

する)

という関係に気づかなければ正しく意味を取ることはできないのである。このような習慣を授業中につけて行けば，次のような和訳問題が入学試験で出題されても苦労はしないだろう。ダ・ヴィンチの描いたモナリザについて述べている文章である。

② A simple glimpse at even some of her features—her silhouette, her eyes, perhaps just her hands—brings instant recognition even to those who have no taste or passion for painting.
(東京大学・前期 2004)

a simple glimpse と instant recognition を核として解凍すれば良いのである。

名詞構文は，独立した文法項目として扱われないことも多い。しかし，入学試験レベルの文章を読む際には，日々の授業の中で名詞構文の扱いに慣れていく必要があると思われる。

9 語彙力の増強

第3章の分析で，教科書の語彙だけであっても受験のために分量的に不足することはないことが分かった。そこで，ここでは各学年に応じた語彙指導のポイントについて紹介したい。

9-1 高校1年：基本語のイメージ作り

基本語と言われるものは，一見すると多義に見える。いろいろな意味を覚えた後は，それを，核（core）となるイメージを使っ

て再構成すればよい。例えば，aboutの意味としては，

①およそ，②…について，③…の周囲を

などが頭に浮かぶ。①～③はすべて，何かを中心として周回する軌道のイメージで捉えることができる。

　覚えた単語の量を競う前に，基本語のイメージをつかませたい。そうすれば，〈動詞＋副詞／前置詞〉などの句動詞の意味も，理解して記憶することができるようになるからである。

9-2　高校2年後半～3年：接辞と語根で整理

　高校1～2年前半までは，教科書やテストで出会った単語をひたすら覚えるしかない。覚え続けていくうちに，次のように単語の一部が似通った語が蓄積されてくる。

pendant, pendulum, suspender, suspense, depend

　ここまで来ると「整理したい」という欲求が生まれてくる。こうなったときが，語形成（接辞や語根）の知識を提示するチャンスである。単語の整理は，散らかった引き出しを片付けるようなもの。最初から語根や接辞を教える必要はなく，生徒の頭の中にある程度の単語のストックができた時点で教えた方が効果的なのである。整理し直すことによって，単語の知識をさらに強化し定着することができるのである。

9-3　音声に意味を乗せる指導

　教科書を使い尽くすには、教科書の文章を「言葉」として扱う必要がある。教科書本文は、例文集でもなければ、暗号のあつまりでもないのである。教師の音読であれ、生徒の音読であれ、意味を音声に乗せて語りかける気持ちが大切なのである。

　それでは「意味を音声にのせる」には、どのようなことを意識すれば良いのか、また、指導すれば良いのか。その具体例を紹介する。

　授業では、教師やCDのモデルを真似て音読練習させることが多い。これは確かに有効な方法である。しかし、これだけでは自力で音調を作り出す力は育たない。土屋（2000）は、こういった従来方式の問題点を、次のように指摘している。

> 　この（モデルの後に続いて音読する）音読練習法では、生徒は常にテープや教師のモデルを真似ることになる。これが問題である。このやり方を続けていると、生徒は<u>モデルがないと自力では読めない</u>という、非常に困った習慣を身につけてしまう。
> 　要は生徒自身にどう読むかを考えさせることである。<u>いつもモデルを先に与えるのではなくて、どこで区切って、どこに強勢をおき、どんな抑揚をつけるかを、生徒自身に研究させる</u>のである。自力で正しく音読できるようになるためには、このような指導を中学校2年生あたりから少しずつ積み重ねていくことが必要である。（下線は引用者）

　土屋が提案する「モデルなし音読」を授業で行う際には、注意しなければいけないことが1つある。それは、読ませるテキスト

の難易度である。未習の語句や文法事項にあふれたテキストでは，内容を理解するだけで手一杯になってしまう。そこで，生徒が楽に読める程度に平易なテキストを与えることにする。今が高校1年の2学期だとしたら，中学3年3学期〜高校1年1学期レベルのテキストを選びたい。特に支障なく内容をつかめたら，それを「聴衆に語って聞かせる」つもりで音読させてみる。

　1つ例を挙げてみよう。これは，中学3年〜高校1年程度の難しさのテキストである。

① The Olympic Games began in Olympia, in Greece, in 776 B.C.　At first they lasted only one day and there was only one race.　<u>Later there were more races **and** other contests **and** the games lasted several days.</u>　People all over Greece took part.（下線・太字は引用者）

太字にしたandを音声上で区別できない生徒は意外と多い。しかし，この二つのandの働きは全く異なっている。前者は，more racesという名詞とother contestという名詞をつなぐ働きである。一方，後者は，Later ... contestsという文とthe games ... several daysという文をつなぐ働きである。この違いをどのように音声化すべきか？

　前者のandは強勢を置かずに/n/のように発音すべきであろう。一方，後者のandの場合は，その直前で休止した上で強勢を置いて発音しなければ意味が際だたない。このような練習を折に触れて授業中に行い，「この意味だからこう読むはずだ」という規則性を体得させなくてはならない。中学校教科書の文章も，こういったトレーニングに活用することができる。

　次に，2年生のテキストを見てみよう。

②健は，夏休みにアメリカへホームステイに行きサマースクールに通いました。以下は，ホームステイのガイドブックの一部です。どんなアドバイスが書いてあるだろうか。

　　Communication is important.　You have to speak English. But you don't have to speak perfect English.
(*New Horizon 2*, p. 38)（下線部は引用者）

　下線部の文ではどこに強勢を置くべきか？　意味を考えれば，もちろん perfect になる。このテキストが誰を読者に想定して何のために書かれたのかを考えてみたい。「アメリカ人家庭にホームステイする際の心得」を日本人中高生を読み手として書かれたテキストである。そうだとすると，伝えたい内容は次のように言い換えることもできる。

　You have to communicate with your host family.　But they don't understand Japanese.　So you have to speak English. But don't be afraid of making mistakes.　Your English doesn't have to be perfect.（下線部は引用者）

　こういったメッセージを伝えているのだ，ということが読み取れたならば，それをどうやって音声に反映したら良いか考えさせる。こちらから一方的に正しい読み方を示すだけでなく，生徒自身に考えさせて，気づかせることが大切である。

　次に中学3年生のテキストから引用する。点字（braille）について，マークがグリーン先生に質問している場面である。

③ *Mark:* When was braille invented?
Ms. Green: In 1829.　It was invented by a Frenchman, Louis Braille.

Mark: So it's called braille.
Ms. Green: That's right.
(*New Horizon 3*, p. 5)（下線部は引用者）

　ここの下線部では，どの語句に強勢を置くべきだろうか？もちろん文頭の So になるだろう。「点字の発明者はフランス人のルイ・ブレイルだ」と知ったマークは「そうか！だから，点字は braille って言うんだ！」と感動している場面である。言い換えてみると Now I understand why it's called braille. といったところだろう。この意味が分かった上で，それを音声に反映させるにはどうしたらよいのか，考えた上で言わせてみる。何人かの生徒に言わせた上で，その音調上の違いを整理して，「なぜ，そのように読んだのか？」「どちらの解釈・読み方が適切か？」などを生徒に考えさせていく。こういったプロセスを通して，自力で「意味を音にのせる」力が育成できると考えている。

　次は，高校の教科書で，100年前の台所と食卓の様子が写った写真を説明している部分である。下線部のどこを強く読めばよいだろうか？

④ In the picture on the left, a woman is preparing a meal. On the right, two women are eating dinner.
　What are the differences between the kitchen and the dining room in the pictures and those in your house?
(*Unicorn English Course I*, 旧版)

　ここでは最後にある in your house の your を強く読む。「写真の」台所と「みなさんの家の」台所を比較しているので，your にコントラストが置かれるからであろう。

もう1つだけ例を出す。区切りとイントネーションを誤ると，聞き手に誤解を与える場合である。

⑤ <u>Supermarkets use too much paper and plastic for wrapping goods.</u> (The paper comes from trees and the plastic from oil, and both are important resources.)
(*Unicorn English Course II*，旧版)

下線部の動詞 use の目的語は too much paper and plastic である。したがって paper and plastic は長い1つの名詞のように読まなくてはならない。もし paper でイントネーションを下げて，ポーズを置いてしまうと，plastic for wrapping goods が次の文の主語のように聞こえてしまうからである。

以上のような意味と音の関係は，教師による範読（model reading）においてはさらに重要である。教師は範読を通して，意味と音の関係を意識的に示していく必要があるからである。この範読の難しさについては，黒田（1934）が当時の東京高等師範学校の学生の教育実習について次のように厳しく指摘している。引用にあたっては，漢字・仮名遣いを現代風に改めてある。

> 中学校の教師としては，英語の基礎的方面の知識は更に進んだ文学語学の高級的知識に劣らぬ大切なものであるということを忘れてはならない。（中略）'A bird can fly up in the air.' という文があったが，君は教壇に立つ前に fly の次で切るのと up の次で切るのとで文の意味が変わって来ることを考えてみたか。小さな問題だと思うかも知れない。しかし中学校の先生としては決しておろそかにしてはならないことで

ある。

ここで問題となっているのは，

⑦ A bird can fly / **up** in the air.
⑧ A bird can fly **up** / in the air.

の意味の違いである。このような意味と音声の関係に教師自身が敏感になって研鑽を積むことが，教員の音読指導の力を上げるためには必要である。結果として，生徒が口に出す英語の質も上がっていくはずである。

10　文法力の増強

　第2章の分析により，受験に必要な文法事項は基本的なもので十分だということが明らかになった。そのような基本事項を身につけるための教科書を使ったトレーニングについて，ここでは紹介していきたい。

10-1　口頭練習方法に一工夫

　文法練習は，ともすると黙々と書き換え練習を行いその結果を口頭で確認するだけというパターンに陥りやすい。それを防ぐために「口に出して言えないことは書かない」という流れを徹底する。そのための指導手順は次の通りである。

　①筆記用具を置かせる。
　②適切なリズムで「意味を音声化」できるまで口頭練習する。

書きながらでは声が出ない。筆記用具を持たず，文字を頼らずに練習することが肝心である。
③時間を与えて口頭練習の内容を書き取らせる。適宜，机間巡視して質問を受ける。

一つ例を挙げると，

　I can't attend the party because I have to work late. But if …

という状況を与えて口頭で文を作らせるのである。鉛筆を持たずに，if I didn't have to work late, I could attend the party. と正しく言えるようになってから，初めて答えを書き込むのである。ゆっくりと時間をかけて答えを書き込むとは負荷がまったく違う。実際に話すことに近い良いトレーニングになる。

10-2　教科書の虫食い音読

「虫食い音読」とは，教科書本文の理解を確認し，音読練習が終わってから行うものである。空所すなわち「虫食い」になったプリントを配り，その空所を補いながら音読させる活動である。先ほどの文法問題の場合と同様に，瞬時の判断で空所を補いながら音声化させる活動なので，答えは書き込ませずに行う。このプリントは家庭での復習にも活用させるとさらに効果的である。

　虫食い音読は，前置詞や冠詞などを適切に使って発話したり，動詞を適切な形に加工して使用するためのトレーニングである。前置詞や冠詞の誤りは多い。だからといって「気をつけて話せ／書け」と言うだけでは効果は期待できない。

英語Ⅱの教科書を使った例を，次に示す。

〈教科書本文〉
Lesson 9 Sensitive Plants, Section 3

　In Africa, when giraffes or other large animals eat acacia trees, the newly eaten leaves send out an SOS to the rest of the trees. Within 30 minutes, levels of tannin, a bitter-tasting chemical in the leaves, may have doubled. To avoid being poisoned, the animal has to move away. But it can't eat nearby acacias because their leaves will have received a wind-borne message and they will have increased the amount of their tannin to poisonous levels too.

〈前置詞の虫食い〉
　（　　　）に最も適する前置詞を補いながら音読しよう。答えは書き込まずに行うこと。
　（　　　） Africa, when giraffes or other large animals eat acacia trees, the newly eaten leaves send out an SOS （　　　） the rest of the trees. Within 30 minutes, levels of tannin, a bitter-tasting chemical （　　　） the leaves, may have doubled. To avoid being poisoned, the animal has to move away. But it can't eat nearby acacias because their leaves will have received a wind-borne message and they will have increased the amount of their tannin （　　　） poisonous levels too.

〈冠詞等の虫食い〉
　（　　　）に最も適する冠詞や所有格を補いながら音読しよう。
　In Africa, when giraffes or other large animals eat acacia trees, （　　　） newly eaten leaves send out （　　　） SOS to （　　　） rest of the trees. Within 30 minutes, levels of tannin,

(　　) bitter-tasting chemical in (　　) leaves, may have doubled. To avoid being poisoned, (　　) animal has to move away. But it can't eat nearby acacias because their leaves will have received (　　) wind-borne message and they will have increased (　　) amount of their tannin to poisonous levels too.

〈動詞の虫食い〉
　(　　)の動詞を適切な形に変えながら音読しよう。(　　)が2語以上のこともある。

　In Africa, when giraffes or other large animals (***eat***) acacia trees, the newly (***eat***) leaves (***send***) out an SOS to the rest of the trees. Within 30 minutes, levels of tannin, a bitter-(***taste***) chemical in the leaves, may (***double***). To avoid (***poison***), the animal has (***move***) away. But it can't eat nearby acacias because their leaves will (***receive***) a wind-borne message and they will (***increase***) the amount of their tannin to poisonous levels too.

　特に最後の〈動詞の虫食い〉は，既習事項を総動員して最適な形を瞬時に選択することが求められる。授業では，ともすると新出事項のドリルに終始しがちで，既習事項の中から適切なものを選択して使用する練習が行われることは少ない。教員自身の英語のブラッシュアップとして，授業準備の際に行うこともおすすめである。

10-3　テストへの発展

　虫食い音読で練習した成果は，次のようなテストで測ることも

できる。例えば（　　　）の動詞を欄外に括り出せば，次のような問題になる。

次の文章の（　　　）に最も適する動詞を選んで補いなさい。同じ動詞を何度使用しても良い。補う際には必要に応じて適切な語形に変化させること。

In Africa, when giraffes or other large animals (　①　) acacia trees, the newly (　②　) leaves (　③　) out an SOS to the rest of the trees. Within 30 minutes, levels of tannin, a bitter-(　④　) chemical in the leaves, may (　⑤　). To avoid (　⑥　), the animal has (　⑦　) away. But it can't eat nearby acacias because their leaves will (　⑧　) a wind-borne message and they will (　⑨　) the amount of their tannin to poisonous levels too.

〈選択肢〉
double   eat   increase   move   poison
receive   send   taste

授業であつかった文章なので，読解力を測る問題ではない。このような問題を予告することによって，動詞に意識を向けて丁寧に，教科書を音読してくることが波及効果として期待できる。
　次のように，空所の場所を明示しない場合もある。

次の文章の下線部①〜③はそれぞれ，<u>必要な単語が1語ずつ脱落し</u>ている。その単語を適切な位置に補い，（例）にならって〈直前の単語＋補った単語〉の2語を書きなさい。
　（例）I have a lot books.　→　解答用紙に ***lot of*** と記入

① In 1817, Karl Drais created an unusual machine—he called a "draisine"—to travel around his gardens. It was made of wood, had two wheels, and ② the rider had to push their feet against the ground to make it forward. Though it was not convenient, the machine became popular. As it was improved with pedals, a chain, and rubber tires, ③ it started to change people traveled. Machines, rather than animals, took people from place to place. Today the bicycle has developed far beyond its simple beginnings.

〈正答〉
　①　called ***it***　　②　it ***go***　　③　change ***how***

これとは正反対に，余分な語を含めることも可能である。

次の文章の下線部①〜③には余分な単語が1語ずつ含まれている。その単語を書きなさい

① The bicycle might be the most efficient form of travel that has ever been developed—by using less energy than both animals and other machines. ② Figure 1 shows different forms of travel in terms of calories so necessary to move one kilometer. ③ For walking one kilometer, for example, burns 0.75 calorie, while cycling one kilometer uses only 0.15 calorie. In other words, the bicycle can be up to 5 times more efficient than walking. Indeed, the bicycle uses less energy than any other means of travel, including a car or a jet plane.

〈正答〉
　①　by　　②　so　　③　For

教科書だけを使った授業と定期テストであっても，以上のような工夫が可能なのである。授業とテストは一体化させることができるのだ。

　このように，教科書を徹底的に使いこなせば，文法力・語彙力も身に付き，受験に必要なスピードにも対応できる。特別な問題集を買わせて演習をしなくとも，入学試験に十分対応できるのである。

11　最後に：難問は弁別力をもたない

　東京大学の入学試験で，get the better of ... という熟語が問われたことがあった。確か，Her curiosity got the better of her. (彼女は好奇心に勝てなかった。←好奇心が彼女に勝った。) という文だったように記憶している。この熟語は整序問題の形で問われた。さらに一語が脱落していて補う必要があった。超難問である。結果はどうであったか。文科Ⅰ類や理科Ⅲ類に現役で合格した生徒に追跡調査してみたが，ほとんど誰も正しく答えられてはいなかった。超難問は誰もできないのである。そんな問題が，たとえできなくとも合否に影響を及ぼすことはない。

　満点を取ろうとしないのならば，難易度の高い熟語や単語までを必死に覚える必要もなくなる。難問はスキップして7〜8割の得点を狙うのならば，教科書を徹底的に学べばほぼ大丈夫である。

　高校の新・学習指導要領では，各教科で取り扱う単語数が大幅に増加し，中学と高校を合わせて3000語程度を最低でも学ぶことになる。入試問題と教科書のレベルの差は，今まで以上に小さくなっていくことが期待できるのではないか。

【参考資料】

黒田巍(1934)「英語教授短評:英語の先生になろうとする人に」『英語の研究と教授』1934年3月号,東京文理科大学内・英語教育研究会,研究社

土屋澄男(2000)「英語の基礎をつくるオーラル中心の授業」『STEP英語情報』2000年11-12月号　日本英語検定協会

土屋澄男(2004)『英語コミュニケーションの基礎をつくる音読指導』研究社

6 教科書だけでこれだけやれる

　本書は，教科書で生徒に与えることの出来る英語のインプットと，実際に入試で出題される英語との間にどのくらいの重なりがあるか，どれだけの開きがあるのかを調べることにより，教科書をこなすことで入試にどれだけ有効に対処できるかを示すことを目的として編まれた。

　そして，教科書をこなすことによって，かなりの程度，入試対策が出来ることを示すという意図をもって書かれたものである。

　分析は文法，語彙，分量の３点から行われた。結果は多岐にわたるが，大筋で次のような結論が得られた。

1　教科書がカバーする範囲

文法：文法事項で，大学入試に頻出する事項の数は，かなり限られている。調査対象となった大学入試で過去５年に10回以上出題されているものは，調査対象となった文法事項63項目のうち，14項目しかないことが明らかになった。

　　また，対象となった文法項目のうち，過去５年一度も出題されていない項目が20項目，１度だけしか出題されていない項目が９項目もあることがわかった。

　　入試頻出の文法事項はほとんどの教科書ですべてカバーさ

れており，多くの場合は複数回扱われている。

語彙：教科書に含まれている語彙によって，調査対象となった入試問題の語彙は，大学・学部にかかわらず95％以上カバーされていることがわかった。かなりの入試問題の語彙が，教科書に出てくるものであることがわかった。

　教科書でカバーされていない語をそのまま未知語とした上で，どのくらい正解を導き出せるか試したところ，多い場合は100％正解を引き出すことが出来ることがわかった。

　調査対象の大学の75％以上の大学・学部で解答可能率は70％を超えた。70点を取れば取り敢えず合格点と考えると，調査対象の大学・学部の7割5分で，受験生は教科書語彙のみで合格点を獲得出来ることがわかった。しかも，調査対象大学・学部の約63％では，解答可能率は80％を超えていることも認められた。

　したがって，多くの大学・学部において，教科書語彙のみでも十分合格点に到達することが明らかになった。

分量：分量については相当量の英文が出題されていることがわかった。そのため，速く読んで内容の把握をする力が受験生の側に要求されていることがほぼわかった。

　しかし，分量という視点では，解答に要する時間を正確に割り出すのは無理があり，また，受験生の解答時間配分は個人によっても，またその時々によっても異なることから確実なことを言うことは難しい。ただし，分量をこなすという視点から入試対策を考えることは重要である。

本書では，以上のような成果を踏まえて，入試対策をするとき

の留意事項を次のように提案した。

　調査の結果から，大筋において教科書の内容を定着させることによって，大学入試においてもかなりの得点を期待することが出来ることがわかった。

　もちろん，教科書のみで入試に満点が取れるということはまずないことは当然のことである。しかし，大学入試に合格するために入試科目すべてに満点を取る必要はほとんどないと言っていいだろう。7割ぐらいとれていて不合格になることはまずあり得ないだろう。不得意科目での得点が極めて低いため，英語でかなりの高得点を取らなくては合格しないという場合もあるだろうが，入試対策を一般的に考えるとき，こうした個々のケースについて考えるのは適切な対策とは言えない。

　教科書でしっかり勉強すればほとんどの大学入試で合格点をとれることはわかったが，ここで大切なことは教科書の内容が定着しているということである。教科書で勉強しさえすれば大学入試に心配は要らないという意味ではない。これは，参考書や単語集などについても同じことであろう。教科書で足りないからと言って，単語集を使えば入試対策が万全であるということにはならない。教科書の語彙がすべて身についているとして，それに単語集でいくらかの語彙をプラスしたら対策としてより強固なものになるということはあり得る。しかし，この場合でも，教科書の語彙が身についていて，しかも単語集などでプラスされる語彙も身についた場合の話である。

　入試を突破するためには，逆説的であるが高1から入試のための特別な対策をする必要はなく，むしろ，基礎的な力を地道につけてゆき，徐々に入試にシフトするようなやり方を高校3年間を見越して計画する必要性がある。第5章ではその具体的な工夫を

示した。

2 生徒の学習状況

　教科書がどのくらいこなせているか，ということは，もう少し一般的に言うと，生徒の頭の中には英語について何が蓄えられているかということを知ることが大切であるということを意味する。
　「敵を知り，己を知れば百戦危うからず」の己が，この場合2種類いるということは，第2章でも述べた。つまり，教師（が与えているもの）と生徒（が受け取って，血肉にしているもの）の2つがあるのである。本書では入試に出るものと，教科書に出ているものとの比較から，入試の対策を考えた。しかし，対策を考える上でもう一つ重要な情報が欠けている。それは，生徒の頭の中にどれだけの英語が定着しているかということである。
　この情報については，別の機会で研究する必要がある。まさに，学校における外国語としての英語習得の研究ということになる。日本の英語教育をさらに良いものにして行くためには，この種の研究の成果に待つことになる。
　そして，英語の定着状況がわかったその先には，定着状況を改善する工夫が実践の中で行われないといけない。教授技術の本格的な改善は実践上の試行錯誤から生まれてくるものだろう。

3 むすび：入試があるのなら

　本書のむすびとして，読者に2つのメッセージを贈りたい。
　第1のメッセージは，入試とちゃんと向かい合おうということである。入試を気分的にのみとらえるのではなく，ちゃんと分析して，冷静に対策を立てるようにしようということである。本書

で提供したデータからも，特殊な勉強をしなければ入試を突破出来ないものではない。本書のデータが第1のメッセージを支えてくれるものと確信している。

　2つ目のメッセージは，入試を言い訳に使うのはよそうということである。文法事項などをみればわかるように，入試に頻出する事項は実際にもよく使われる基礎的な事項である。入試に対応したからと言って「使える英語」が身につかないということはない。英語が身につくような工夫を授業で行うことが，高校英語授業でも第1に大切なことである。入試があるからと言わずに，地道な授業努力を続けよう。

■著者紹介

金谷　憲（かなたに　けん）
[執筆分担　第1章　まじめな入試対策のために
　　　　　　第6章　教科書でこれだけやれる]

久保野雅史（くぼの　まさし）
1983年，筑波大学第一学群人文学類（英語学専攻）卒業。筑波大学附属駒場中・高等学校などを経て，現在，神奈川大学外国語学部英語英文学科准教授。主な著書に，『英会話ぜったい音読・入門編』（講談社インターナショナル，共著），『決定版！授業で使える英語の歌20（正・続）』（開隆堂出版，共著），中学校検定教科書 Sunshine English Course 1, 2, 3（開隆堂出版，共編）などがある。
[執筆分担　第5章　カリキュラム編]

中野達也（なかの　たつや）
2005年，東京学芸大学大学院教育学研究科英語教育専攻修了。教育学修士。現在，東京都立白鷗高等学校教諭。主な著書に，高等学校検定教科書 Prominence English II（東京書籍），All Aboard English I・II（東京書籍）などがある。
[執筆分担　第4章　分量編]

豊田有紀（とよだ　ゆうき）
2002年，東京学芸大学大学院教育学研究科英語教育専攻修了。教育学修士。現在，中央大学付属高等学校教諭。主な論文に「大学入試が高校英語教育に対して与える影響」（2003 KATE Bulletin）などがある。
[執筆分担　第2章　文法編]

野澤俊英（のざわ　としひで）
1991年，法政大学文学部英文学科卒業。2003年度，東京学芸大学教育学部言語教育第2学科に1年間内地留学。現在，山梨県立甲府西高等学校教諭。
[執筆分担　第3章　語彙編]

[編著者略歴]

金谷 憲（かなたに　けん）

1948年東京生まれ。1980年，東京大学大学院博士課程単位取得退学。文学修士。スタンフォード大学博士課程単位取得退学。現在，東京学芸大学教授。専門は英語教育学。主な著書に，『英語教育熱』（研究社），『英語授業改善のための処方箋』（大修館書店），『英語教師論』（桐原書店，編著）などがある。

英語教育21世紀叢書
教科書だけで大学入試は突破できる

ⒸKANATANI Ken, 2009　　　NDC 375 / ix, 224p / 19cm

初版第1刷——2009年6月20日

編著者———	金谷　憲
発行者———	鈴木一行
発行所———	株式会社大修館書店

〒101-8466　東京都千代田区神田錦町3-24
電話03-3295-6231（販売部）/ 03-3294-2357（編集部）
振替00190-7-40504
［出版情報］http://www.taishukan.co.jp

装丁者———	中村愼太郎
印刷所———	文唱堂印刷
製本所———	難波製本

ISBN978-4-469-24543-1　Printed in Japan

Ⓡ本書の全部または一部を無断で複写複製（コピー）することは，著作権法上での例外を除き禁じられています。

すぐれた英語授業実践

樋口忠彦／緑川日出子／髙橋一幸【編著】
● A5判・289頁　定価2,310円（本体2,200円）

よりよい授業づくりのために

特色ある授業実践とその徹底した分析

「授業名人」のすぐれた中高の授業実践を、指導案やワークシートなど資料も含めて詳しく紹介する。さらに授業者本人の自己分析、観察者からの徹底した分析と改善の提案を具体的に示し、すべての英語教師にとって参考になるよりよい授業設計のヒントと授業改善の視点を提示する。

目次▶【プロローグ】よりよい授業実践を求めて／第1章　英語で授業を進めるために／第2章　面白い、わかる、使える文型・文法事項の指導／第3章　コミュニケーション、自己表現活動とその橋渡し活動／第4章　効果的なリスニング指導／第5章　効果的なリーディング／ライティング指導／第6章　さまざまな指導のコツ／【エピローグ】授業改善のための指針と方向

大修館書店　　書店にない場合やお急ぎの方は、直接ご注文ください。☎03-3934-5131

英語感覚が身につく実践的指導　コアとチャンクの活用法

田中茂範・佐藤芳明・阿部 — 著

コアとチャンクで英語力アップ！

暗記に頼りがちだったイディオムや文法事項などを、
意味の中心的概念（コア）を基に新たな視点で解説する。
また、情報の最小単位（チャンク）の活用で真の英語コミュニケーション力の養成を図る。
さらに、各章に授業向けにコアとチャンクを使った指導のアイディアを加え、
授業での効果的な活用法を提案する。

目次　語彙編─基本動詞の意味世界／語彙編─前置詞の意味世界／文法編─新しい教育英文法の考え方／チャンキング・メソッド─会話と読解／チャンクを使うノウハウ

● A5判・280頁
　定価1,890円（本体1,800円）

大修館書店　　書店にない場合やお急ぎの方は、直接ご注文ください。☎03-3934-5131

定価＝本体＋税5％（2009年6月現在）